가상 화폐부터 로봇 세금까지,
경제를 말해요

이슈 토론 생각을 넓혀라_2
가상 화폐부터 로봇 세금까지, 경제를 말해요

초판 1쇄 인쇄 2024년 5월 29일
초판 1쇄 발행 2024년 6월 10일

글 양서윤
그림 시은경

펴낸곳 도서출판 개암나무(주)
펴낸이 김보경
경영관리 총괄 김수현 **경영관리** 배정은 조영재
편집 조원선 김소희 오은정 **디자인** 이은주 **마케팅** 이기성
출판등록 2006년 6월 16일 제22-2944호

주소 서울특별시 용산구 한남대로40길 19, 4층(한남동, JD빌딩) (우)04417
전화 (02)6254-0601, 6207-0603 **팩스** (02)6254-0602 **E-mail** gaeam@gaeamnamu.co.kr
개암나무 블로그 http://blog.naver.com/gaeamnamu **개암나무 카페** http://cafe.naver.com/gaeam

ⓒ 양서윤, 시은경 2024
이 책의 저작권은 저자에게 있습니다.
저자와 출판사의 허락 없이 내용의 일부를 인용하거나 발췌하는 것을 금합니다.

ISBN 978-89-6830-814-7 74300
ISBN 978-89-6830-778-2 (세트)

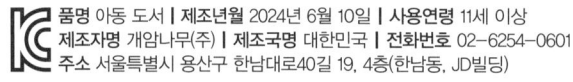

● 이슈 토론 생각을 넓혀라_2

가상 화폐부터 로봇 세금까지,

경제를 말해요

양서윤 글 시은경 그림

개암나무

작가의 말

여러분은 용돈을 받나요? 부모님께 필요할 때마다 받는 친구, 매주 혹은 매달 일정한 금액을 받는 친구도 있을 거예요. 설날 친척들에게 세뱃돈을 받기도 하죠. 그렇게 받은 돈을 어떻게 쓰나요? 아마 학용품 살 때, 좋아하는 아이돌 굿즈를 살 때, 떡볶이 사 먹을 때 등 각각 필요한 곳에 쓸 거예요. 미래를 위해 저축하기도 하고요.

여러분이 받은 돈을 벌고 쓰는 일에 관한 이야기가 바로 경제예요. 돈은 누구나 쉽게 쓰지만 경제라는 단어는 딱딱하고 어렵게 느껴질지도 몰라요. 하지만 차근차근 알아보면 경제도 꽤 재미있답니다. 용돈으로 아이스크림을 사 먹고, 문구점에서 학용품을 사고, 아이돌 굿즈를 사는 간단한 일도 경제 활동이거든요. 이처럼 우리 주변부터 살펴 나가면 세금과 임금, 분배와 가상 화폐 등 어느새 경제와 친해질 수 있어요.

이 책에서는 경제 관련 토론이 펼쳐져요. 돈을 어떻게 벌어야 할지, 또 어떻게 써야 할지 등에 대한 친구들의 다양한 생각이 등장합니다. 티격태격하며 자신의 이야기를 조리 있게 말하며 토론하는 아

이들 이야기를 따라가다 보면 낯선 개념도 귀에 쏙쏙 들어올 거예요. 지금부터 돈을 벌고, 쓰고, 저축하고 투자하는 공부를 시작하면 우리가 어른이 되었을 때 현명하게 소비와 지출하는 법을 익힐 수 있어요. 경제에 대해 배우면 어른들이 이야기하는 주식이나 투자, 환율, 세금 등 어려운 뉴스가 바로 이해될 거예요. 또 토론을 통해 다양한 생각을 듣다 보면, 자기 의견을 정리하는 데 더욱 도움이 될 거예요. 자, 이제부터 어떻게 하면 현명하게 돈을 벌고, 국민이 낸 세금을 현명하게 쓸지 경제에 대해 생각해 보아요.

양서윤

차례

- 작가의 말 4

너무 어려운 키오스크, 꼭 늘려야 할까요? · 9

더 적게 일할 수는 없나요? · 23

가상 화폐, 상용화해도 될까요? · 37

로봇도 세금을 내야 할까요? · 52

비정규직 문제, 어떻게 해야 할까요? • 68

재난 지원금, 꼭 전 국민에게 줘야 할까요? • 82

통일, 꼭 해야 할까요? • 96

종교인에게 세금 혜택을 줘야 하나요? • 110

너무 어려운 키오스크, 꼭 늘려야 할까요?

"어때?"

이현이가 성진이에게 장난감을 내밀었다. 요즘 유행하는 히어로 영화의 주인공 울프맨 장난감이었다.

"와, 이 장난감 버거맥 사은품이지? 이거 키오스크로만 주문할 수 있다며?"

정교한 모형을 보자, 성진이 눈이 둥그레졌다. 학교 앞 햄버거집에서 특정 세트를 주문해야만 받을 수 있는 사은품이었다.

"응, 어제 이거 받으려고 버거맥 문 열자마자 뛰어갔어."

"나도 사고 싶었는데 못 샀어."

어깨를 으쓱대는 성진이 옆에서 예나가 속상하다는 듯 말했다.

> **용어 정리**
>
> **키오스크:** 무인 정보 단말기를 뜻해요. 주로 정부 기관이나 은행, 백화점, 전시장 등에 설치되어 있어요. 스크린을 터치하면서 다양한 정보를 알아보는 기기로 사용되다 구매, 발권 등의 서비스에도 이용되고 있어요.

"왜? 늦게 가서 매진됐어?"

"그게 아니라 사은품을 잘못 골랐어."

"그래서 이거 받은 거야?"

이현이는 예나가 내민 인기 없는 캐릭터를 보았다.

"응, 잘못 고른 거 알고 취소하고 싶었는데 뒤에 사람이 많아서 그냥 결제했어."

예나는 사람이 많으면 긴장되어 키오스크 주문이 어렵다고 했다.

"우리 할머니도 똑같은 말씀 하시더라."

예나의 말에 이현이가 할머니 이야기를 꺼냈다.

"키 작은 사람들도 어려울 거 같더라. 어제 내 동생도 장난감 받으려고 버거맥에 갔거든. 근데 원하는 메뉴에 손이 안 닿아서 주문하기 힘들었대. 결국 원하는 메뉴 선택을 못 해서 장난감도 아예 못 받았어."

윤서는 동생 예를 들면서 말했다.

"그래도 직원한테 직접 주문하는 것보다 빠르고 정확해서 좋지 않아? 익숙해지면 다들 좋아할걸?"

이현이는 다른 의견을 냈다.

"나도 당황해서 키오스크로 잘못 주문한 적 있어. 익숙해지는 과정이 어려운 거 아니야? 넌 주문 실수한 적 없어?"

"나도 있긴 한데 금방 익숙해지던데……."

예나가 묻자 이현이는 받아쳤다.

"거봐. 너도 실수한 적 있으면서."

"아니, 앞으로 키오스크가 늘어날 텐데, 이용 방법 익히는 게 맞지."

예나는 이현이의 대답에 말이 막혀 머뭇거렸다. 고개를 돌린 예나는 두 사람의 대화에 집중하고 있는 친구들을 발견했다.

"흠, 급격하게 확산 중인 키오스크는 편리해. 하지만 그로 인해 디지털 소외 문제가 발생했지."

한공정 선생님이 시끌시끌한 교실 한가운데로 들어오셨다.

"디지털 소외요?"

"디지털 기술이 빠르게 발전하면서 해당 기술을 적극적으로 활용하는 집단과 그렇지 못한 집단의 격차가 벌어진다는 뜻이야. 그럼 오늘은 키오스크 사용을 주제로 토론해 볼까?"

두 아이를 비롯해 주변 친구들도 재미있겠다며 눈을 반짝였다.

지식 플러스 | 키오스크는 얼마나 자주 쓸까요?

정보를 전달하는 기기였던 키오스크는 이제 결제 기능까지 추가되어 매장에서 물건을 주문하고 구매하는 수단으로 이용되고 있어요. 특히 병원·은행 등 공공 분야보다 음식점, 영화관 등 민간 분야에 키오스크 설치 건수가 급증했어요. 대표적인 예시로 무인 발권기나 무인 주문기가 있지요.

코로나19로 인해 키오스크에 대한 수요가 늘어나면서 2021년 기준, 민간 분야에 설치된 키오스크는 26,574대로 2019년 8,587대 대비 3배 이상 급격히 증가했어요.

"토론은 자신의 의견을 근거로 들어 상대를 설득하고, 주제에 대해 더 깊이 생각해 보는 시간이에요. 또 자신의 주장을 근거를 들어 이야기하는 과정에서 논리력을 기를 수 있어요. 키오스크에 관한 자세한 내용은 화면으로 볼까요?"

아이들이 갸우뚱하자, 선생님은 키오스크 관련 영상을 화면에 띄우셨다.

토론을 시작하기 전에!

키오스크 사용 확대해야 한다

키오스크 이용으로 순환 빨라져

키오스크로 주문하면 바로 주방에 입력되어 주방이 빠르게 돌아가고 재료 준비와 재고 관리에 유용합니다. 고객은 빠르게 신선한 음식을 받을 수 있고, 가게는 이득을 더 높일 수 있지요. 또 키오스크 이용으로 인해 대기 시간이 줄어 고객 만족도가 높다는 의견도 나왔습니다.

젊은 층, 키오스크 선호

국내 키오스크 시장 규모가 지난 2017년에 비해 3배 이상 성장한 가운데(2020년 기준), 한 조사 결과에 따르면 젊은 층 사이에서 대면 주문보다 키오스크 주문을 선호하는 것으로 나타났습니다. 그 이유로 '직원 눈치를 보지 않아도 돼서(33.6%)'라는 응답이 가장 많았습니다.

인건비 절감 효과 커

우리나라 3대 패스트푸드 업체의 키오스크 도입률은 2022년 기준으로 60~90%에 달하며, 무인 매장 또한 급격하게 증가했습니다. 한 요식업계 관계자는 "키오스크는 월 10만~15만 원이면 대여할 수 있기 때문에 인건비 절감 효과가 크다"라고 말했습니다.

키오스크 사용 확대 아직 이르다

장애인들이 이용하기 어려운 키오스크

한 조사 결과에 따르면 장애인이 휠체어에 앉아 팔을 뻗었을 때 닿을 수 있는 높이인 122cm를 넘는 키오스크가 85%인 것으로 나타났습니다. 지체 장애인뿐만 아니라 시각 장애인, 지적 장애인 등 모든 장애인이 이용할 수 있는 키오스크 기기는 1,002대 중 1개뿐이라는 조사 결과도 있습니다.

절반가량은 키오스크에 불편함 느껴

한 조사 결과에 따르면 전체 응답자의 46.6%가 최근 1년 동안 키오스크로 인해 불편이나 피해를 경험한 적이 있다고 답했습니다. 키오스크가 불편한 이유는 주문이 늦어져 뒷사람 눈치가 보이거나(52.8%), 조작이 어려우며(46.8%), 기기 오류(39.1%)를 경험했기 때문이라고 응답했습니다.

키오스크 이용 포기하는 사람도 많아

주변에서 키오스크 이용을 포기하는 사람을 목격한 적이 있다(57.2%)는 응답도 상대적으로 높게 나타났습니다. 또 주문이 늦어질 경우 뒷사람의 눈치가 보이고 장애인이나 어린이 등은 이용이 더욱 어려운 데다 시스템 오류도 있다는 지적이 나오고 있습니다.

"예나가 먼저 키오스크를 이용하며 겪은 어려움을 좀 더 자세히 이야기해 볼까요?"

선생님은 예나에게 다정하게 말을 건넸다.

"혼자 키오스크로 주문할 때는 괜찮지만 뒤에 사람이 많으면 어쩔 줄 모르겠어요. 당황해서 아무 버튼이나 누르게 돼요."

예나가 입술을 오므렸다.

"저도 그런 경험이 있어요."

윤서가 맞장구쳤다.

"직원에게 주문할 땐 사람이 많아도 괜찮지만, 키오스크를 사용할 땐 긴장돼요. 기기 작동이 서툴러 불편할 때도 있고요."

윤서는 반 아이들의 반응을 살폈다.

"저는 직원한테 주문하는 것보다 키오스크가 편해요. 더 정확하게 주문할 수 있고요."

조용히 듣던 성진이가 반대 의견을 냈다.

"주문하다가 마음이 변하면 변경도 쉽고요. 제가 주문한 음식이 더 정확하게 전달돼요. 또 대기 시간도 줄어들어요. 주문이 바로 주방으로 들어가니까요."

성진이가 키오스크의 여러 장점을 늘어놓았다.

"저도 직원한테 직접 주문할 때 오히려 마음이 급해요. 누가 바라보고 있으니 갑자기 메뉴 이름이 생각 안 난 적도 있어요. 또 직원한테 직접 주문할 때도 뒷사람이 신경 쓰이는 건 똑같고요. 오히려 키오스크가 들어오고 원하는 메뉴를 편하게 주문할 수 있었어요."

이현이는 자신의 경험담과 함께 의견을 말했다.

"하지만 시각 장애인과 휠체어를 탄 장애인은 키오스크 사용이 어려워요. 시각 장애인을 위한 배리어 프리 키오스크를 찾기 힘들고, 휠체어를 탄 장애인에게는 키오스크가 너무 높아요. 제 동생처럼 키 작은 어린이도 마찬가지예요."

윤서는 선생님이 보여 주신 자료와 동생이 겪은 경험을 합쳐 말했다.

"나이가 있으신 분들도 디지털 기기 사용이 어려워 주문을 포기할 때도 있어요."

예나도 윤서의 의견에 동의하며 고령층의 어려움을 지적했다.

"그래요. 디지털이 일상화된 스마트폰 만능 시대에 이른바 '디지털 양극화' 현상이 새로운 문제로 등장했어요. 특히 고령층과 장애가

> **지식 플러스**
>
> ### 배리어 프리가 뭘까요?
>
> 장애인과 고령자, 임신부 등 사회적 약자들의 생활에 지장이 있는 물리적 장애물이나 심리적인 장벽을 없애기 위한 운동 및 시행하는 정책을 말해요. 일반적으로 장애인의 시설 이용에 불편을 주는 장벽을 없애야 한다는 뜻으로 사용하지요. OTT 플랫폼의 화면 해설을 포함한 자막이 여기에 해당해요.
>
> 키오스크도 배리어 프리 제작 기준이 있어요. 화면은 바닥에서 100~120cm 사이에 있어야 하고, 점자 표시가 있는 키패드를 설치해야 하지요. 화면 내 버튼 간격도 일정해야 해요. 그러나 키오스크를 설치하는 소상공인 등의 반발로 배리어 프리 키오스크는 원활하게 도입되지 못하고 있어요.

있는 사람들은 직원 도움 없이는 디지털 기기로 주문하기 어려워요. 스마트폰에 앱을 설치하거나 파일을 전송하는 등 기본적인 활동 가능 여부를 확인하는 디지털 정보화 수준도 고령자일수록 낮았지요. 특히 기기를 보유하고 있는지를 확인하는 접근 수준 수치는 높지만, 이용을 잘 하는지 확인하는 역량 수준은 낮았어요."

한공정 선생님은 구체적인 자료를 꺼냈다.

"키오스크를 비롯한 각종 디지털 기기에 서툰 노년층이 불편을 겪고 있어요. 예를 들어 노인들이 현장에 도착해서 기차나 영화표 등을 구매하려고 해도 온라인으로 예약이 끝나 매진된 경우가 많아요. 버스나 기차를 이용하려는 디지털 소외 계층은 터미널이나 역에서 한참 동안 기다려야 탈 수 있는 경우가 많아졌어요."

"맞아요. 최근에 저희 할아버지께서 햄버거 가게에 갔다가 키오스크 주문이 어려워 주문하지 못하고 나오셨다고 하셨어요."

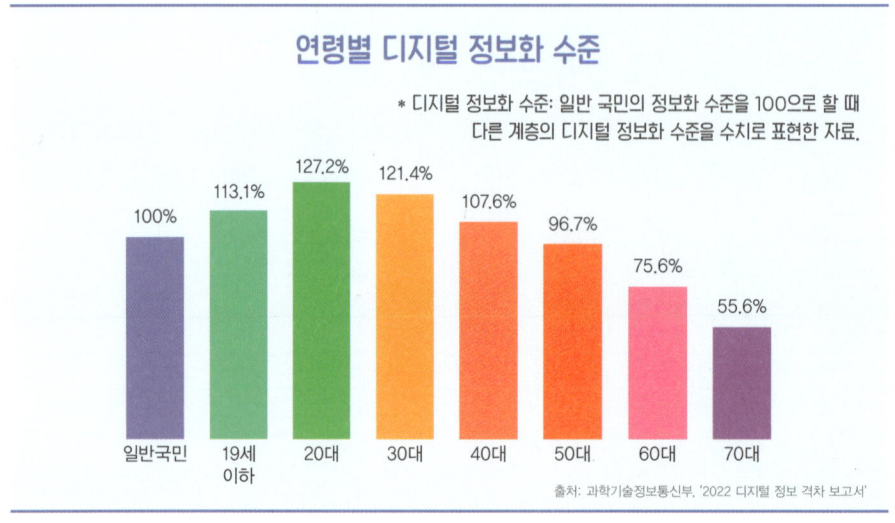

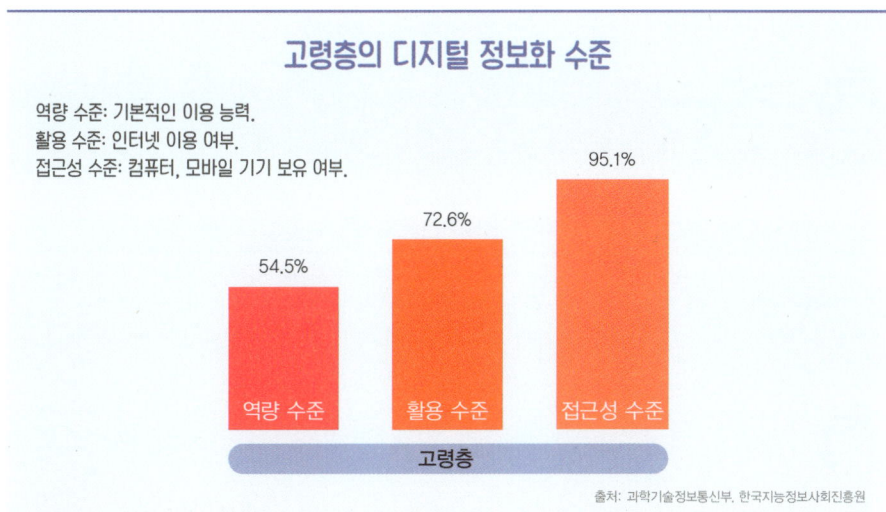

 "거봐, 너희 가족 중에도 디지털 소외를 당한 사람이 있네."

윤서가 성진이의 말을 듣고 지적했다.

 "그런…… 셈인가?"

키오스크를 찬성하던 성진이가 머뭇거리며 말했다.

 "맞아요. 특히 60대 이상 고령층은 키오스크로 주문하다가 포

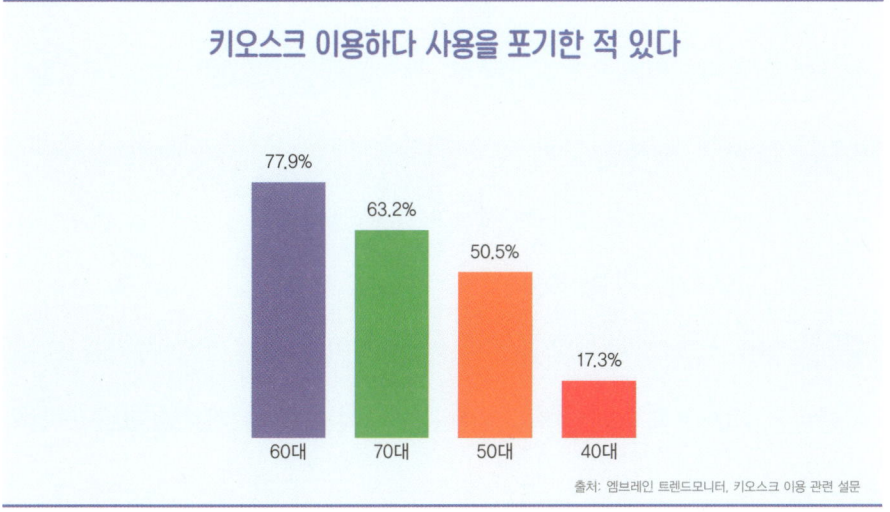

기한 경우가 많다는 설문 조사 결과도 있어요."

"물론 고령층의 디지털 기기 사용에 문제는 있어요. 하지만 종합 병원처럼 고령층이 많이 사용하는 장소에서도 키오스크가 도움이 돼요. 진료 대기 시간이 확 줄거든요."

이현이는 주된 디지털 소외 계층인 노인에게 도움을 주는 사례를 말했다.

"앞으로 키오스크가 줄어들 거 같진 않습니다. 그러니까 키오스크 사용을 줄일 게 아니라 나라나 지역에서 디지털 소외 계층을 위한 강좌를 열고 도움을 줘야 한다고 생각합니다."

이현이는 앞으로 디지털 기기 사용이 더 많아질 것이 예상되는 만큼 격차를 줄이기 위해 교육이 필요하다고 주장했다.

"게다가 장애인이나 노인, 어린이 등 키오스크에서 배제당하는 사람을 위해 배리어 프리 키오스크 설치가 늘어나고 있다고 들었어요. 법적으로 키오스크 높이를 122cm로 정하기도 했고요. 불편한 점은 점점 나아질 거예요."

"학습을 통해 디지털 소외 현상을 극복한다고 하더라도 키오스크 때문에 사라지는 일자리는 어떻게 해요?"

예나는 다른 이야기를 꺼냈다.

"키오스크가 늘어나면 주문받는 직원의 일자리가 사라져요. 앞서 살펴본 기사처럼 기업들이 인건비를 줄이기 위해 키오스크를 도입하는 거잖아요. 무인 매장도 점점 늘고 있고요. 그럼 정작 사람이 설 곳은 줄어드는 게 아닐까요?"

예나가 설명했다.

"기업이 키오스크를 사용해 인건비를 줄이는 건 사실입니다. 그렇지만 키오스크가 도입되면서 직원들도 불필요한 감정 노동이 줄어들 수 있으니, 오히려 직원들에게 좋은 일 아닌가요?"

이현이가 예나의 말에 반박했다.

"맞아요. 게다가 키오스크는 새로운 일자리를 만들기도 해요. 키오스크 개발을 위해 프로그래머와 그래픽디자이너 등이 더욱 필요해질 거예요. 관리도 해야 하고 설치도 해야 하니까 키오스크 관련 업종의 새로운 일자리도 생기고요."

뜻밖의 내용에 아이들이 귀를 쫑긋했다.

 "그렇지만 그건 특정 분야에만 해당하는 이야기라고 생각합니다. 키오스크 사용이 늘어난다고 모든 직종의 일자리가 늘어나진 않아요."

성진이의 말에 예나가 반박했다.

 "일리 있는 거 같아요."

예나의 말에 성진이가 알쏭달쏭한 표정을 지었다. 장점도 단점도 많은 키오스크 도입을 서둘러야 할지 마음을 정하기 어려웠다.

🙂 토론의 쟁점을 정리해 볼까요?

 이현 성진  예나 윤서

키오스크 사용 확대해야 한다	키오스크 사용 확대, 아직 이르다
사람과 대면하지 않고 주문을 편하게 할 수 있다.	시스템 오류나 기계 문제 등으로 사용이 어렵기도 하다.
디지털 기기 교육 등으로 해결할 수 있다.	노약자나 장애인 등 디지털 소외 계층은 이용하기 어렵다.
인건비가 줄고 키오스크로 관련 일자리가 많아진다.	키오스크로 일자리가 사라진다.

더 적게 일할 수는 없나요?

"아직도 목요일이네. 주 4일제를 하면 내일 학교 쉴 텐데."

달력을 쳐다보던 시현이가 한숨을 푹 쉬었다.

"주 4일제를 하면 금요일에는 학교에 안 와?"

뒷자리의 은찬이가 귀를 쫑긋했다.

"응, 유럽의 몇몇 나라에서는 주 4일제를 운영한대. 나라마다 쉬는 요일은 다르다더라. 우리나라도 빨리 시행하면 좋겠어."

시현이는 유럽에서 시행 중인 주 4일제 예시를 들며 말했다.

"그럼, 연휴가 있을 때는 어떡해? 연휴는 또 따로 쉬는 거야?"

정우가 입술을 삐죽거렸다.

"아마 그렇지 않을까? 부모님 말씀으로는 우리나라는 근무 시간이 엄청나게 긴 편이래. 학교도 그렇고. 우리는 아직 초등학생이라 일찍 끝나지만 고등학생들은 늦게 끝나잖아. 휴식이 부족하다고 하더라고."

"시현아, 너는 아직 오지 않은 미래를 걱정하는 거야?"

정우는 열심히 설명하는 시현이를 놀렸다.

"우리 부모님은 바쁘셔서 같이 놀러 가기 힘들어. 언니도 마찬가지고. 주말은 너무 짧고 말이야. 가족끼리 놀러 간 게 언젠지 모르겠어."

시현이는 손가락을 꼽으며 쉬는 날짜를 셌다.

"나는 주 4일제는 반대야. 학교 오는 것도 즐겁고 수업도 걱정된단 말이야."

"수업이 왜 걱정이야?"

시현이가 얼굴을 찡그렸다.

"생각해 봐. 주 4일제 하고 진도 다 못 나갔다고 늦게까지 수업하면

어떡해. 사실 급식도 맛있어서 매일 먹고 싶어. 헤헤."

정우는 입맛을 다시며 배를 쓱쓱 문질렀다.

"주 4일제라니 꿈만 같다. 일주일에 세 번 쉬면 가족끼리 자전거 타고 멀리까지 갈 수 있을 거 같아. 우리 가족은 자전거 타는 거 좋아하는데 힘들어서 멀리까지는 못 가거든."

사이클을 좋아하는 은찬이가 활짝 웃었다.

"그런데 출근을 덜 하면 월급도 줄어들 것 같은데."

"아마 아닐걸? 월급은 동일하다던데?"

정우 말에 시현이가 신나게 대답했다.

"너희들 벌써 주 4일제 이야기 중이니? 새로운 소식을 빨리 접했구나."

한공정 선생님은 사회 이슈에 관해 나서서 이야기하는 반 아이들 모습에 뿌듯한 듯 말씀하셨다.

"2002년, 우리나라에 주 5일제가 처음 시행될 때도 논란이 많았지. 너희를 보니 그때 생각이 난다."

"네? 원래 주 5일제가 아니었어요?"

은찬이가 큰 소리로 질문했다.

"그럼, 2001년까진 주 6일제라 토요일에도 등교했지."

"으악, 토요일에 학교라니. 너무 끔찍해요."

시현이가 질색하자 선생님이 주 4일제 토론 자료를 화면에 띄웠다.

토론을 시작하기 전에!

주 4일제, 도입해야 한다

주 4일제, 퇴사율은 감소하고 지원율 증가

주 4일제를 시행한 영국의 한 회사는 지원자가 많아지고 직원들의 퇴사율은 낮아졌습니다. 주 4일제 시행 이후에도 전체 직원 수는 일정하게 유지하며, 직원들이 자발적으로 업무 효율을 높이는 데 주력해 회사 실적도 올랐습니다.

직장인들은 대체로 주 4일 근무 선호해

직장인들은 대체로 주 4일 근무를 반기는 분위기입니다. 한 사이트에서 주 4일제에 대한 인식을 조사한 결과 83.6%가 긍정적이라고 응답했습니다. 또한 주 4일제를 실시하는 회사는 직원들의 93.5%가 '주 4일제에 만족한다'고 응답했고, 특히 '삶의 질이 향상됐다'는 의견이 94.1%로 매우 높았습니다.

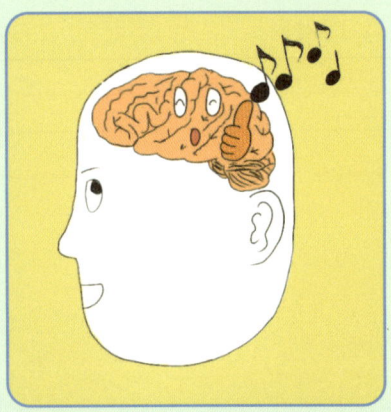

주 4일제, 근로자 정신 건강에 도움

주 4일제를 실험한 결과 직장인 중 71%는 번아웃* 수준이 낮아졌고, 병가는 전년 같은 기간보다 65% 감소했으며, 퇴사자 수 또한 57% 줄었습니다. 실험 기간 동안 기업 수익은 오히려 평균 1.4% 증가했습니다.

번아웃 의욕적으로 일에 몰두하던 사람이 극도의 신체적·정신적 피로감을 호소하며 무기력해지는 현상을 말해요.

주 4일제, 아직 이르다

주 4일제 시행으로 단체 활동에 어려움 겪어

전체적인 근무 시간이 줄어들면서 직원들 사이에 교류가 적어져 소외감을 느끼거나 소통이 적어질 수 있다는 주장이 나왔습니다. 아이슬란드의 주 4일제 실험 보고서에서도 관리자가 직원 교육이나 회식 등 단체 활동을 진행하는데 전보다 어려움을 겪은 것으로 나타났습니다.

근로 환경의 양극화 부추겨

제조업과 중소기업들은 현재의 주 52시간 근무제를 지키는 것조차 쉽지 않다는 주장입니다. 국내에서 주 4일제 또는 주 4.5일제를 도입한 회사들은 대부분 IT 업종, 스타트업이나 대기업 등으로 제한적입니다.

주 4일제 도입이 어려운 직종도 많아

한 전문가는 "세계적 기업은 주 4일제를 도입하기 어려운 직종이나 업무가 많다"며 "생산성이 검증되지 않은 상태에서 개인 업무량을 줄이는 모험을 하긴 쉽지 않다"고 말했습니다. 또 주 4일제 시행으로 인한 임금 삭감이나 업무 강도 증가를 걱정하는 시선도 있었습니다.

"전 주 5일제도 괜찮다고 생각합니다."

정우가 먼저 말문을 열었다.

"노동 시간을 더 늘릴 필요는 없지만 지금처럼 이틀 쉬는 게 딱 적당한 거 같아요. 휴일이 3일에 공휴일까지 쉬면 너무 많이 쉬는 느낌이에요."

"선생님, 정우의 주장에는 근거가 전혀 없습니다. 객관적 내용이 아니라 자신의 기분을 근거로 들면 안 됩니다."

시현이가 손을 번쩍 들었다.

"맞아요. 토론을 할 때는 자신의 의견을 뒷받침할 수 있는 근거와 신빙성 있는 자료를 제시해야 주장을 인정받을 수 있어요."

"아, 네."

정우는 뒷머리를 긁적였다.

"저는 앞서 선생님께서 보여 주신 '주 4일제에 대한 인식 조사'가 주 4일제 시행의 근거라고 생각합니다. 주 4일제를 80% 넘게 지지하니까요."

용어 정리

워라밸: 워라밸은 일과 삶의 균형이라는 뜻이에요. 'work life balance'의 줄임 말이지요. 업무와 개인 생활의 균형이 맞아야 한다는 의미예요. 워라밸을 중요하게 여기는 사람들은 퇴근 후 개인의 삶을 유지할 수 있길 원하지요.

그러면서 자신이 조사한 자료를 덧붙였다.

"주 4일제를 선호하는 가장 큰 이유가 휴식권 보장과 워라밸 문화 정착이었어요. 지금 한국 사회는 OECD 국가 중 근로 시간

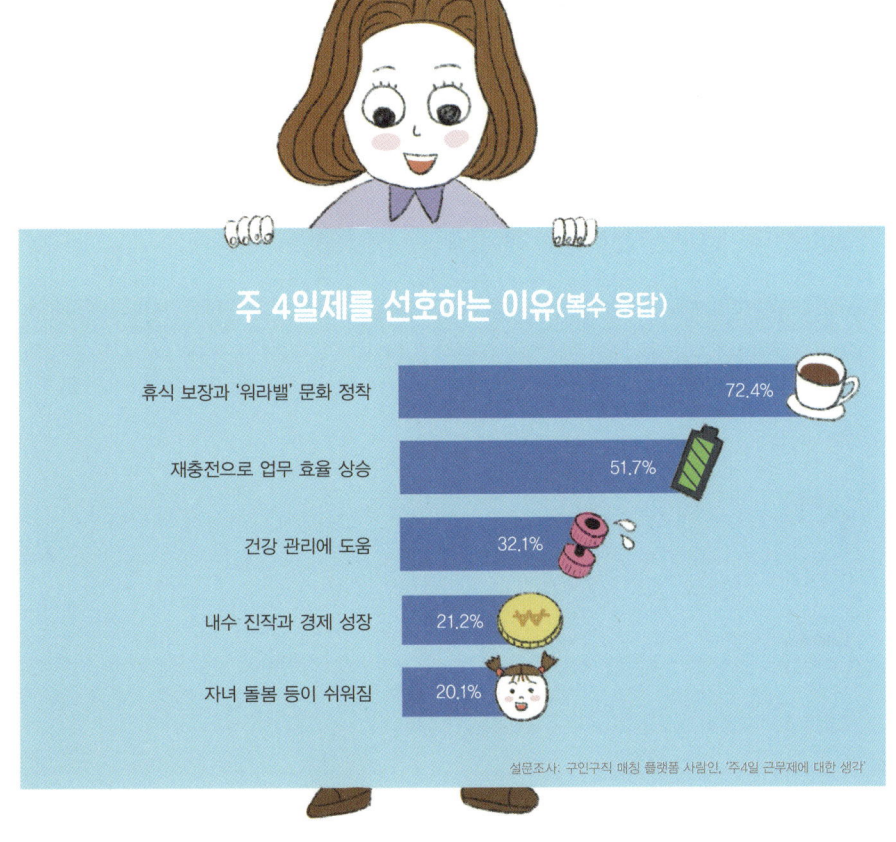

이 긴 편이라 워라밸을 추구하기 쉽지 않아요. 그렇기에 많은 사람이 주 4일제 선호 이유로 휴식권 보장과 워라밸 문화를 꼽은 거예요."

똑 부러진 설명에 아이들이 그래프를 유심히 보았다.

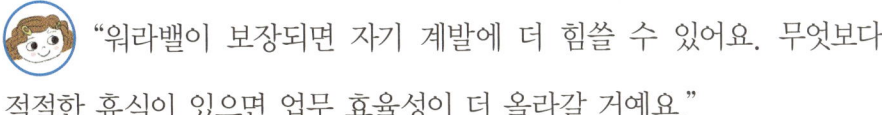
"워라밸이 보장되면 자기 계발에 더 힘쓸 수 있어요. 무엇보다 적절한 휴식이 있으면 업무 효율성이 더 올라갈 거예요."

"하지만 주 5일제일 때와 같은 업무량을 4일 동안 하려면 업무 시간이 늘어나지 않을까요?"

정우가 고개를 갸우뚱했다.

"주 4일제의 핵심은 근로 시간의 감소입니다. 뉴질랜드에서 진행

한 한 연구에 따르면 근로 시간을 주 40시간에서 32시간으로 줄였더니 스트레스가 7% 감소하고 업무 만족도가 5% 늘었어요. 24%의 직원이 워라밸이 좋아졌다고 응답했고요."

은찬이는 다른 나라의 연구 자료를 내밀었다.

"특히 근무 시간을 줄여도 업무 성과는 같았어요. 직원들이 집중해서 짧은 시간에 업무를 해낸 것이죠."

"또 주 4일제가 좋다는 게 알려지면 기업에 입사하려는 사람이 많아질 거예요. 그러면 기업은 좋은 인재를 뽑을 수 있겠지요."

"시간을 줄여도 일을 똑같이 해내다니 신기하네요. 하지만 근무 시간을 줄이면 또 다른 문제가 생길지도 몰라요."

곰곰이 생각하던 윤서가 눈을 가늘게 떴다.

"어떤 문제를 말하는 건가요?"

윤서의 말에 시현이가 질문했다.

"아까 선생님이 보여 주신 기사처럼 근무 시간을 줄일 수 있는

지식 플러스

주 52시간 근무제란?

주 52시간 근무제는 주당 법정 근로 시간을 정근로 40시간+연장근로 12시간으로 정한 근로 제도예요. 기존의 68시간이었던 근로 시간을 2018년 7월, 52시간으로 단축했지요. 특정한 업종을 제외하고 근로 시간을 초과하면 벌금을 내야 해요. 또 근로 시간이 8시간 이상인 경우 한 시간의 쉬는 시간을 보장해야 하지요.

업종은 한정되어 있어요. 만일 공장같이 물건 생산을 쉬지 않고 해야 납품 기일을 맞출 수 있는 업종은 쉬지 못할 거예요. 그런 경우는 남들보다 근로 시간이 길어 상대적인 소외감을 느낄 수 있어요."

윤서의 차분한 주장에 모두가 귀를 기울였다.

"좋은 지적이에요. 현재 우리나라는 주 52시간 근무제를 시행 중이에요. 하지만 근무 시간을 줄이기 어려운 직종도 있어요. 그래서 주 4일제가 시행된다 해도 전 국민에게 똑같이 적용하긴 무리일 수 있어요. 일하는 시간과 질이 업종에 따라 차이가 많이 나는 '근로 환경의 양극화'가 심해지는 거죠."

한공정 선생님은 주 52시간 근무에서 제외되는 특정 업종에 대해 설명했다.

"육상운송업(노선버스 제외), 수상운송업, 항공운송업, 기타 운송 서비스업, 보건업은 52시간을 넘겨 일할 수 있어요. 예를 들자면 파일럿이 비행기 운항 중에 근로 시간 52시간이 지났을 때 일을 당장 그만두기 어려워요. 이런 경우 때문에 예외를 두고 있지요. 이 외에도 근로 기준법 63조에는 근로 시간, 휴게 시간, 휴일 적용이 제외되는 직업이 나와 있어요."

"저는 이런 경우 때문이라도 주 4일제를 시행해선 안 된다고 생각합니다. 형평성 문제가 심각할 거예요."

화면을 살펴보던 윤서가 단호하게 말했다.

"아픈 환자 때문에 명절이나 휴일에도 병원에 출근하는 사람이

근로 시간·휴게·휴일 규정에서 제외되는 업종

하나
토지의 경작·개간, 식물의 식재·재배·채취 사업, 그 밖의 농림사업
(예: 농부, 나무꾼 등)

둘
동물의 사육, 수산 동식물의 채취·포획·양식 사업, 그 밖의 축산, 양잠, 수산 사업
(예: 어부, 해녀, 도축업자 등)

셋
감시 또는 단속적으로 근무에 종사하는 사람으로서 사용자가 고용노동부장관의 승인을 받은 사람
(예: 경비원, 물품감시원 등)

넷
관리 감독 업무 또는 기밀을 취급하는 업무
(예: 건물 시설 관리자 등)

많습니다. 이런 경우 주 4일제를 시행하게 될 때 업무량이 증가할 수 있습니다."

윤서는 휴일에도 일하는 직업을 예시로 들었다.

"일부 직업 때문에 주 4일제를 반대하면 안 된다고 생각합니다."

은찬이는 윤서의 의견을 반박했다.

"무엇보다 주 4일제의 가장 큰 핵심이 근로 시간 단축입니다. 근로 시간을 줄이기 위해서 시행하는 제도인 만큼 근로 시간 단축이 어려운 특수 업종에서는 교대 근무할 직원을 채용해야 한다고 생각합니다. 그럼, 사회적으로는 더 많은 일자리가 생길 거예요."

 "직원을 더 많이 채용하면 기업의 부담이 커집니다. 같은 업무를 처리하는 데 인건비는 더 나가는 셈이니까요. 인건비가 오르면 물건값이 오를 수도 있고요."

정우는 은찬이 의견에 눈을 동그랗게 뜨고 말했다.

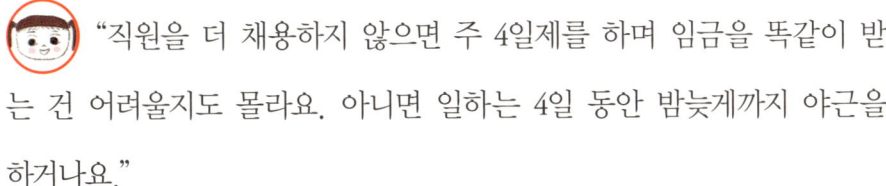

은찬이는 정우의 말을 듣고 고민하다 말했다.

 "직원을 더 채용하지 않으면 주 4일제를 하며 임금을 똑같이 받는 건 어려울지도 몰라요. 아니면 일하는 4일 동안 밤늦게까지 야근을 하거나요."

윤서가 시큰둥하게 말했다.

"그럼 주 4일제의 도입 이유가 사라집니다."

시현이가 윤서의 의견에 반대했다.

 "업무 시간이 줄면 회의할 시간도 줄어들 테고, 집중해야 업무를 끝마칠 수 있으니 직원들 간의 소통이 줄어들지 몰라요. 직원들 간의 소통을 통해 아이디어를 얻거나 문제를 해결하기도 한다고 엄마한테 들었거든요."

토론하던 아이들은 이러지도 저러지도 못하고 서로 얼굴만 마주 보았다.

"근로 시간 단축은 장단점이 뚜렷해요. 일과 삶의 균형을 찾고

스트레스가 주는 반면 짧은 업무 시간으로 인해 압박을 느끼거나 여전히 많이 일하는 사람은 상대적 박탈감을 느끼게 됩니다."

한공정 선생님은 오늘 토론의 핵심을 되짚었다.

"따라서 산업 전반에 걸쳐 충분한 논의가 먼저 필요하죠."

 토론의 쟁점을 정리해 볼까요?

 시현  은찬　　　　　　　　　　　 정우 윤서

주 4일제, 도입해야 한다	주 4일제, 아직 이르다
워라밸 보장으로 업무 능률이 올라간다.	인건비 등 기업의 손해가 크다.
일자리 창출 효과가 있다.	근로 환경의 양극화가 나타날 수 있다.
기업 평가가 좋아지고 지원자가 많아지며 퇴사자가 줄어든다.	회의가 줄어들어 직장 동료와 소통이 어려워진다.

다른 나라의 주 4일제는 어떻게 되었을까요?

벨기에는 유럽연합(EU) 최초로 주 4일제를 도입했어요. 벨기에 정부는 지난 2월, 노동자의 필요에 따라 주 4일 근무(38시간)를 선택할 수 있도록 하는 내용의 노동법 개정안을 발표했지요.

미국 캘리포니아주 의회도 '주 4일제' 법안을 발의했습니다. 아랍에미리트는 올해부터 모든 정부 부처가 금요일 오후부터 쉬는 주 4.5일제를 시행하고 있어요.

아이슬란드는 4년의 주 4일제 실험을 먼저 거치고 실제 근무 시간 단축에 들어갔어요. 실험은 아이슬란드 수도 레이캬비크 시의회와 중앙 정부 주도로 2015년부터 2019년까지 아이슬란드 노동 인구의 약 1%인 2,500여 명의 근로자를 대상으로 진행됐지요. 실험 결과 대다수 근로자가 주 40시간에서 35~36시간으로 근무 시간이 줄었고, 현장의 업무 생산성은 유지되거나 증가했어요. 근무 시간 단축 이후 스트레스 감소 등 근로자의 신체적·정신적 건강이 개선됐고, 삶의 질도 올라갔어요. 이 실험을 토대로 노동조합은 근무 방식을 새롭게 협상했고, 아이슬란드 노동 인구의 86%가 동일한 임금으로 더 적은 시간을 근무하거나 이와 유사한 권리를 가지게 됐어요.

그럼 가까운 나라 일본의 경우는 어떨까요? 일본은 제조 대기업을 중심으로 주 4일제 실험에 속도를 내고 있어요. 일본이 이처럼 주 4일제 실험에 적극적인 이유는 삶의 질을 개선해 생산성을 끌어올리기 위해서예요. 거기에 유연 근무를 원하는 우수 인재를 확보하고 직원들의 근로 의욕을 끌어올려 생산성을 높이겠다는 의도가 더해진 걸로 보여요.

가상 화폐,
상용화해도 될까요?

"휴."

시현이가 아침부터 한숨을 쉬며 터덜터덜 교실에 들어왔다.

"시현아, 무슨 일 있어?"

시현이가 자리에 앉는데 준영이가 곁으로 다가갔다.

"아빠가 스마트폰 바꿔 준다고 약속했는데 코인 때문에 안 된대."

"코인이라면 설마 위코인?"

"응."

준영이가 며칠 전 파산한 코인 거래소 이름을 말하자, 시현이가 책상에 엎드리며 그로 인해 코인 가격이 폭락했다고 웅얼거렸다.

"설마 너희 아빠도 손해 봤어?"

"말도 마. 우리 아빠 큰돈을 날렸대."

코인 이야기에 귀가 쫑긋해진 아이들이 하나둘 시현이 곁으로 모여들었다.

"나는 우리 삼촌이 하는 거 봤는데 한 시간에 몇백만 원이 올랐다가 떨어지기도 하더라."

성진이가 아는 체를 했다.

"삼촌은 코인으로 돈을 많이 벌어서 기부도 했어."

"와, 너희 삼촌 최고다."

성진이가 어깨를 으쓱하자, 아이들이 감탄했다. 코인 열풍으로 가족들이 가상 화폐에 투자하는 걸 본 아이들도 많아서 코인 이야기에 관심이 쏠렸다.

지식 플러스 : 가상 화폐가 뭐예요?

가상 공간에 있는 가상 재산을 말해요. 영어로 'Cryptocurrency'라고 하지요. 이는 '암호화'라는 뜻을 가진 'crypto-'와 통화란 뜻을 가진 'currency'의 합성어예요. 이를 한국어로 바꾸면서 컴퓨터상에 표현되는 화폐라고 해서 '디지털 화폐' 또는 '암호 화폐' 등으로 불렀고요. 대표적인 가상 화폐로는 비트코인, 이더리움이 있어요. 하지만 점차 각국 정부나 국제기구에서는 화폐 대신 '자산'이라는 용어로 부르기 시작했어요. 우리나라도 가상 화폐 관련 법률이 생기면서 '가상 자산'이라는 용어로 통일했어요. 이는 '가상 화폐'가 화폐의 성격이 없다는 걸 강조하기 위해서예요. 화폐는 중앙에 관리하는 기구가 있고 그곳을 통해 돈의 발행 규모와 유통량을 조절해요. 하지만 '가상 화폐'는 발행 주체가 없는 가상 자산이에요. 그래서 화폐라고 보기 힘들지요.

"나는 코인 어려워서 잘 모르겠더라. 너희는 어디서 배운 거야?"

예나가 조심스럽게 입을 열었다.

"그걸 꼭 배워야 알아? 요새 코인이 뉴스에 얼마나 많이 나오는데. 뉴스만 봐도 알지."

성진이가 잘난 체를 했다.

"누가 사고파는지도 알 수 없고 거래소가 파산하면 보상도 못 받는대. 그럼 너무 위험한 거 아냐? 나는 어른 되면 가상 화폐는 안 할 거 같아."

"미래에는 가상 화폐가 중심이 될걸? 지금 코인이 많이 떨어졌다고 해서 겁먹을 거 하나 없대."

성진이가 걱정하는 시현이에게 겁먹을 거 없다고 안심시켰다.

"코인은 투자가 아니라 도박에 가까워. 코인 때문에 망하는 경우가 많다고 하던데?"

"망하기도 하지만, 그걸 도박이라고 하기엔 무리가 있어."

성진이와 예나는 시현이를 사이에 두고 마주 보았다.

"오늘은 가상 화폐 이야기로 교실이 시끄럽구나?"

한공정 선생님이 어수선한 교실로 들어오셨다.

"얘들아, 선생님 오셨어."

웅성대던 아이들이 각자 자리로 흩어졌다.

"가상 화폐, 가상 자산이 큰 논란이야. 특히 너희들이 어른이 될 시대엔 더 중요해질지도 모르거든."

선생님은 복잡한 가상 화폐에 대해 아이들에게 설명해 주셨다.
"가상 화폐 거래가 활발해지며 2024년부터 이용자를 보호하는 법안도 발의되었단다. 다 함께 뉴스를 보자."

토론을 시작하기 전에!

가상 화폐(가상 자산), 상용화해야 한다

가상 화폐, 주요 결제 수단 되나

미국의 한 전문가는 "앞으로 5년 안에 가상 화폐가 세계적으로 주요 결제 수단이 되고, 그 기간 내에 가상 화폐 가격은 30배가량 상승할 것"이라고 내다봤습니다. 그는 "현재의 가상 화폐는 인터넷이 처음 세상에 나왔을 때와 닮았다"며 "조만간 기술의 발전이 금융 시장의 판도를 바꿀 것"이라고 전망했습니다.

가상 화폐, 대안적 경제 시스템 제공?

최근에는 가상 화폐로 기부받는 단체도 늘었습니다. 한 구호 단체는 우크라이나 현지 아동을 지원하기 위한 모금 활동을 하며, 비트코인 등 60여 종의 가상 화폐도 받고 있다고 밝혔습니다.

기술력을 키우기 위해서라도 가상 화폐 필요해

가상 화폐의 핵심 기술인 블록체인 시스템은 4차 산업혁명의 핵심 기술로 꼽히고 있습니다. 한 전문가는 "블록체인● 기술을 발전시키기 위해서라도 가상 화폐 거래소를 폐지해서는 안 된다"며 "블록체인 육성을 위해서는 가상 화폐가 필요하다"고 설명했습니다.

블록체인 가상 화폐로 거래할 때 해킹을 막기 위한 기술.

가상 화폐(가상 자산), 상용화하면 안 된다

가상 화폐로 인한 투기와 사기 범죄 잇달아

가상 화폐의 대표 주자인 비트코인에 대한 투기 과열 양상이 보입니다. 여기에다 가상 화폐를 이용한 사기 피해 사건은 전국적으로 계속 늘어나고 있습니다. 가상 화폐 거래소의 잇단 해킹 및 시스템 정지로 거래자들의 불안감도 날로 커지고 있습니다.

중국, 가상 화폐 거래 금지해

지난해 중국은 모든 가상 화폐 거래를 금지했습니다. 가상 화폐가 금융 범죄를 쉽게 만들고, 국가 금융 시스템을 위태롭게 만들 수 있다는 것이 이유입니다.

가상 화폐, 금융 범죄 가능하게 해

지난 2월에는 인도 중앙은행의 부총재가 "가상 화폐를 금지하는 것은 인도를 위한 가장 바람직한 선택이다"라고 말했습니다. 2022년, 인도 당국은 가상 화폐 시장을 위축시키기 위해 여러 방안을 논의했습니다.

"제가 먼저 말해도 될까요?"

시현이가 나섰다.

 "그래, 시현이부터 시작해 보자."

선생님의 대답에 아이들이 시현이를 보았다.

 "저희 아빠는 작년부터 코인에 투자했어요. 한때 투자금의 6배나 이익을 보기도 했대요. 그런데 갑자기 미국 회사가 망해서 돈이 다 사라져 버렸어요. 코인 거래소가 망하면서 아예 돈이 없어졌지요. 그래서 저는 코인이 위험하다고 생각해요."

시현이는 경험을 바탕으로 근거를 제시했다.

 "코인은 주식이 오르고 내리는 것과 달라요. 코인은 순식간에 0원이 될 정도로 위험성이 커요. 진짜 돈처럼 상용화하는 건 규제가 필요하다고 생각합니다."

"시현이에게 그런 일이 있었군요."

선생님은 시현이를 위로하며 말을 이었다.

"가상 화폐는 은행이나 주식 시장과 달리 국가의 통제 밖에서 거래돼요. 이 때문에 자유로운 거래가 가능하지만, 상당히 위험하지요."

선생님은 가상 화폐의 특성을 설명하셨다.

"가상 화폐에 단점이 있지만 장점이 더 많아요. 전 세계에서 똑같이 쓰이니 해외에 갈 때 환전할 필요가 없죠."

준영이가 반대 의견을 냈다.

"환전하면 수수료가 나가는데 그 비용을 절약할 수 있어요. 또 직접 환전해야 하는 수고스러움도 줄고요. 게다가 돈은 들고 다니면 잃어버리거나 소매치기당할 수도 있는데 가상 화폐는 그럴 일이 없어요."

컴퓨터 프로그래밍에 관심이 많은 준영이가 말했다.

"가상 화폐도 절도와 해킹이 있습니다. 가격이 변동되기도 하고 순식간에 0원이 되기도 합니다. 단순히 안전하다고 말하기에는 무리가 있습니다."

예나가 눈을 동그랗게 떴다.

"주식, 금, 부동산처럼 모든 투자는 가격이 오르고 내려요. 내가 사는 아파트 가격이 내렸다고 부동산 투자가 나쁜 것은 아니에요. 코인도 똑같다고 생각해요."

준영이의 설명에 예나가 아리송한 표정을 지었다. 아직 투자가 무엇인지 몰라 말문이 막혔다.

 "투자라는 말이 어렵죠? 투자를 먼저 알아보고 토론을 진행할까요?"

 선생님은 알쏭달쏭한 표정의 아이들을 쳐다보았다.

 "투자는 이익을 얻을 목적으로 돈을 불리는 행위예요. 은행 이자보다 높은 이익을 얻기 위해 적극적으로 행동하는 걸 말하지요. 높은 이득을 얻을 수 있지만 돈을 잃을 위험도 생겨요."

 "선생님, 투자로 성공하면 은행 이자보다 많은 돈을 벌지만 실패하면 내 돈이 사라지나요?"

 "극단적이긴 하지만 예나 말이 맞아요. 정확하게 이해했어요."

 예나가 되묻자 선생님이 고개를 끄덕였다.

"당연히 무엇이든 투자하면 가치가 오를 수도 있고 내릴 수도 있어요. 자신이 결정한 투자는 자신이 책임져야 해요. 단순히 가상 화폐 문제는 아니라고 생각해요."

준영이가 어깨를 으쓱했다.

"단순히 가치가 떨어지는 문제가 아닙니다. 코인 거래소가 사라진 게 문제예요. 그곳을 통해 투자한 사람들이 투자금을 잃는 것뿐만 아니라 시장 자체를 신뢰할 수 없게 돼요."

분위기가 어두워지자, 선생님이 나섰다.

"우리나라에는 예금자 보호법이 있어요. 만약에 은행이 망한다 해도 국가에서 5천만 원까지는 보호해 줍니다. 하지만 코인은 국가에서 전혀 보호하지 않아요."

"선생님, 왜 나라에서 예금은 보호해 주고 코인은 안 해 줘요?"

성진이가 이상해하며 물었다.

"우리가 쓰는 화폐는 나라에서 발행하고 관리해요. 하지만 코인은 달라요."

지식 플러스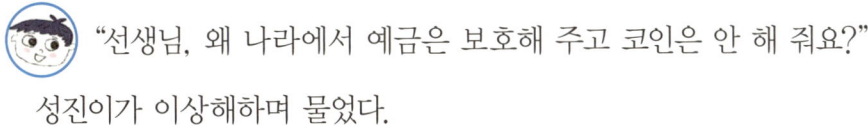

예금자보호법에 대해 알아봐요

예금자보호법은 금융 회사가 파산 등의 사유로 고객의 예금을 지급하지 못하게 되는 경우 정부가 일정한 금액 안에서 예금액을 보장해 주기 위한 법이에요. 금융 기관이 예금을 지급할 수 없게 되면 예금자보호법에 따라 예금자는 한 금융 회사에서 원금과 이자를 포함해서 1인당 5천만 원까지 보장받을 수 있어요.

선생님은 진짜 화폐와 가상 화폐의 근본적인 차이점을 설명했다.

"국가는 시장 경기에 따라 화폐량을 조정해요. 시중에 유통되는 돈을 감독하고 은행에서 이자가 발생하면 세금을 받지요. 국가는 그 세금으로 예금을 관리·감독하고 안전을 보장해요. 하지만 가상 화폐는 누구나 발행하고 자유롭게 거래해요. 더구나 익명이기 때문에 어느 나라의 누가 얼마를 가졌는지 파악할 수 없어서 나라에서 보호해 줄 수 없어요."

"그렇구나."

예나는 새로운 사실을 알게 되어 놀랐다.

"제 생각에는 나라에서 관리할 수 없는 돈을 화폐로 인정하면 안 될 것 같아요."

입술을 쑥 내민 예나가 콧등을 찡그렸다.

"단순히 나라의 문제로 생각하면 안 됩니다."

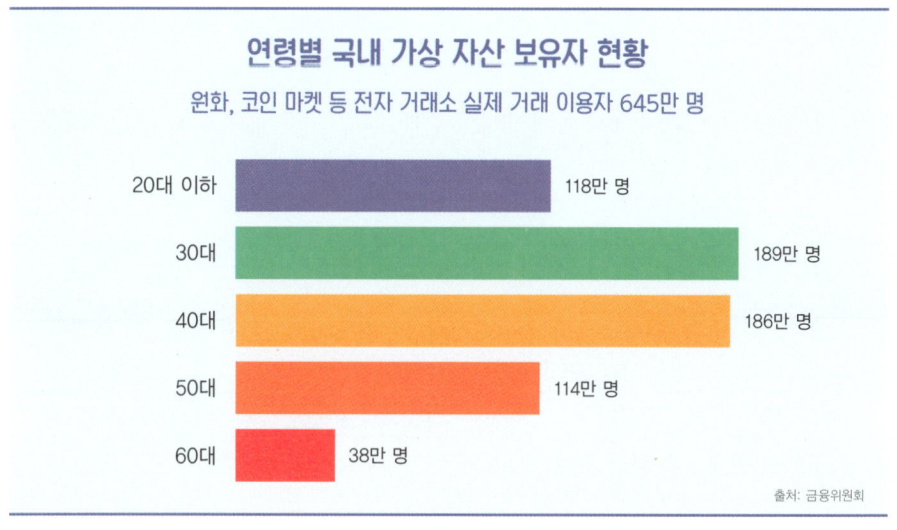

성진이가 예나에게 손을 휘휘 저었다.

 "가상 화폐는 세계 어디서든 쓸 수 있습니다. 그렇기에 화폐와 성격이 다르다고요."

안경을 고쳐 쓴 성진이가 말을 이었다.

 "가상 화폐가 발전하면 지금보다 다른 나라와 가까워지고 교류도 활발해질 것입니다. 어쩌면 무역할 때 발생하는 세금이 줄어들 수도 있고, 수출과 수입 모두 활발해지지 않을까요?"

 "저는 그렇게 단정 짓기에 여전히 위험성이 크다고 생각합니다."

예나는 성진이의 말에 반박했다.

 "전 이미 가상 화폐 시대가 시작됐다고 생각합니다. 국내만 해도 645만 명가량이 가상 자산을 보유하고 있다는 통계가 있습니다. 이미 많은 사람이 거래하는 만큼 상용화해야 합니다. 2025년부터는 가상 자산으로 생기는 소득에 세금을 부과하기로 했고요."

성진이는 반짝반짝 눈을 빛냈다.

"그야 그렇지."

예나가 성진이의 말에 마지못해 답했다.

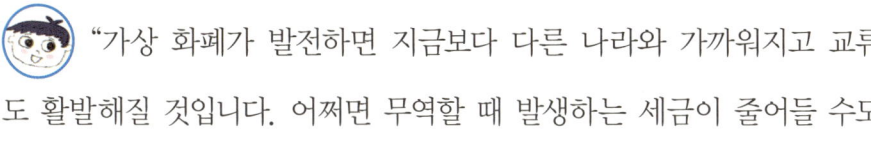

지식 플러스 — 가상 자산 소득세는 어떻게 부과하나요?

2025년부터 가상 자산 거래에 대한 소득세를 부과해요. 소득세는 개인이 한 해 동안 벌어들인 돈에 대해 액수별 기준에 따라 매기는 세금을 말해요. 이미 가상 자산을 상속하거나 증여할 때 과세하는 상속세와 증여세는 시행되고 있어요.

"가상 화폐는 단점도 있지만 그 부분만 보충하면 미래에는 코인이 모든 지구인이 쓰는 편리한 가상 화폐가 될 거야."

성진이는 자신 있게 말하며 가슴을 쫙 폈다.

토론의 쟁점을 정리해 볼까요?

성진 준영　　　　　　　　　　예나 시현

가상 화폐, 상용화해야 한다	가상 화폐, 상용화해서는 안 된다
환전 없이 사용할 수 있다.	화폐가 아닌 만큼 위험성이 크다.
높은 이익을 볼 수 있다.	투자 원금 보호가 안 된다.
수입·수출에서 더 큰 이득을 볼 수 있다.	누구나 발급할 수 있어 국가가 관리하기 어렵다.

다른 나라의 가상 화폐 제도는 어떨까요?

한국은 '가상 자산 이용자 보호 등에 관한 법률(가상 자산 이용자보호법)'이 국회를 통과해 2024년 7월부터 시행 예정이지요. 이 법은 투자자 보호와 불공정거래 행위 규제를 중점으로 다루고 있어요. 앞으로 가상 자산 발행을 포함한 법률이 추가될 예정이에요. 그럼 다른 나라는 어떨까요? 먼저 쿠웨이트는 가상 화폐와 관련된 사용과 운영을 '절대 금지' 했어요. 가상 화폐는 법적 지위가 없고, 어떤 기관이 발행하거나 지원하지 않으며, 투기적 변동성에 취약하다는 이유에서였어요. 인도네시아는 가상 화폐 거래가 증가하자 세금을 매기기 시작했어요. 중국은 한때 가상 화폐의 선두 주자였어요. 하지만, 2017년부터 디지털 코인을 더 이상 법정 화폐로 간주하지 않는다며 가상 화폐 채굴과 거래 전반을 금지했지요. 2021년에는 더욱 강력한 단속을 펼쳐 본토에서 가상 화폐 거래를 금지했어요. 2024년 1월, 미국은 비트코인 현물을 기초 자산으로 하는 상장지수펀드(ETF)를 승인했어요. 상장지수펀드(ETF)는 투자자가 직접 사지 않고도, 여러 자산에 투자할 수 있는 펀드를 말해요.

로봇도 세금을 내야 할까요?

"얘들아, 우리 동네에 로봇이 치킨을 튀겨 주는 치킨집이 생겼대."

은찬이가 학교 앞에서 받은 전단을 흔들었다.

"로봇이 치킨을 튀긴다고?"

알록달록한 전단 주위로 6학년 1반 아이들이 몰려들었다. 우람한 로봇 팔이 들고 있는 먹음직스러운 치킨 사진에 이현이가 침을 삼켰다.

"오, 신기하다. 오늘 엄마한테 시켜 달라고 해야지."

이현이는 전단에 나온 전화번호를 스마트폰에 저장했다.

"로봇이 사람보다 치킨을 잘 만들까? 어쩐지 아닐 것 같아."

예나는 심드렁하게 대답했다.

"아니긴. 나 사촌 집에서 로봇이 튀긴 치킨 먹어 봤는데 바삭바삭하고 정말 맛있어."

준영이는 엄지를 치켜들며 치킨 로봇을 추켜세웠다.

"진짜? 그럼 나도 엄마한테 사 달라고 해야지."

은찬이는 전단을 뚫어지게 쳐다보았다.

"그럼, 치킨집에 닭 튀기는 사람이 필요 없겠네? 나 커서 치킨집 아르바이트 꼭 해 보고 싶었는데…… 이제 못 하겠다."

입맛을 다시던 이현이가 멍하니 말했다.

"생각해 보니 로봇 때문에 일자리가 없어지겠다. 결국 치킨 로봇이 많아지는 건 우리에게 안 좋은 일 같아."

예나는 이마를 찡그렸다.

"내가 뉴스에서 들었는데 로봇에게 세금을 걷으면 된대. 그 세금을 실업자에게 나눠 주는 거지."

이현이는 걱정 없다는 듯 씩 웃었.

> **지식 플러스**
>
> ## 정말 치킨 로봇이 있을까요?
>
> 치킨을 튀기는 로봇은 한 스타트업에서 개발했어요. 최근 외식 산업은 일할 사람이 부족해 골머리를 앓고 있어요. 통계청의 통계에 따르면 부족한 외식 산업 근로자 수는 2022년 7만 명이 넘었지요. 특히 높은 온도의 불 앞에서 일해야 하는 치킨집처럼 몸이 힘든 업무를 기피하는 사람은 점점 더 많아지고 있지요. 치킨 로봇을 이용하면 이러한 문제를 해결할 수 있어요. 혼자서 매장을 운영할 수 있을 뿐만 아니라 100마리를 튀기는 데 두 시간 정도밖에 안 걸려, 인력난을 해결하는 데 도움이 될 것으로 여겨져요.

"야, 사람도 아닌 로봇이 무슨 세금을 내."

이현이의 말에 준영이가 코웃음을 쳤다.

"정말이라니까. 내가 봤거든."

이현이는 지지 않고 준영이 말을 맞받아쳤다.

"로봇세에 대해 이야기하고 있었구나? 로봇세를 과연 걷어야 할까?"

뒤에서 듣던 선생님이 조용히 입을 열었다.

"글쎄요. 전 잘 모르겠어요."

준영이가 머리를 긁적이며 말했다.

"세금에 대해서도 알아야 하니, 좀 어렵겠지만 흥미로운 문제이니 우리 다 함께 토론해 볼까? 일단, 이 문제에 대한 관련 영상을 좀 살펴보자!"

"네!"

아이들이 자리에 앉자 선생님은 너튜브 동영상을 클릭했다.

로봇세에 대해 알아봐요

로봇세는 1980년대 후반 미래학자들이 처음으로 제시한 개념이에요. 인간 노동자를 대체하는 로봇을 소유한 사람이나 기업에 걷는 세금을 뜻해요. 실직자나 취약 계층을 돕는 데 사용할 수 있지요.

토론을 시작하기 전에!

로봇세, 도입해야 한다

작업의 65%, 로봇 팔로 처리

미국의 한 전자상거래 기업은 물건을 고르고 옮길 수 있는 로봇 팔 '스패로(Sparrow)'를 도입했습니다. 회사는 포장된 제품을 분류하는 작업의 65%를 이 로봇이 수행할 수 있다고 설명했습니다.

로봇과 인간, 역할 겹쳐

전문가들은 로봇이 인간의 노동력을 대체하고 일자리를 앗아 갈 것이라고 우려했습니다. 실제로 미국 내 물류 창고에 근무하는 75만 명 중 상당수가 물품 분류를 담당하는 스패로와 역할이 겹쳤고, 실제로 이 기업은 직원 수천 명을 해고했습니다.

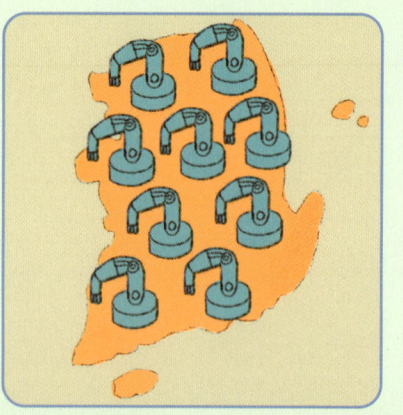

한국의 로봇 밀도, 세계 평균보다 7배 높아

한국은 산업용 로봇 밀도가 세계 처음으로 네자릿수에 진입했습니다. 로봇 밀도는 노동자 1만 명당 로봇 대수를 뜻합니다. 전 세계 평균 로봇 밀도는 141대인데, 한국은 세계 평균의 7배가 넘습니다. 로봇 밀도의 증가는 비용 절감과 고용 감소라는 상반된 효과를 가져옵니다.

로봇세, 도입하면 안 된다

로봇 도입이 일자리를 늘렸다고?

한국은 광업과 제조업 부문에서는 지난 18년간(2001년~2018년) 로봇 도입으로 오히려 수출이 늘고, 그로 인해 노동 수요를 불러와 전체적으로 고용에 긍정적인 영향을 미친 것으로 나타났습니다. 미국의 한 사회학과 교수 또한 "연구 결과, 단지 14%의 근로자들만이 자신의 직업이 로봇으로 대체될 것"이라고 예측하기도 했습니다.

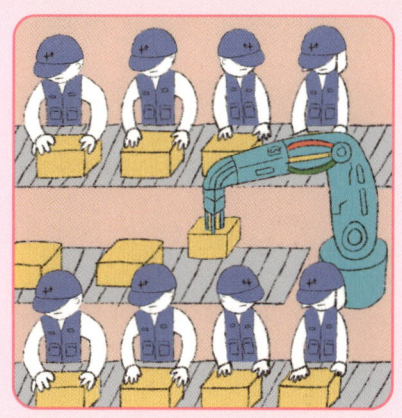

어디까지가 로봇일까요?

로봇의 정의가 모호하다는 지적도 나오고 있습니다. 로봇 팔, 로봇 공정 자동화 등 다양한 범위에서 '로봇'이라는 용어를 사용하는데 로봇을 어떻게 정의하느냐에 따라 업종 간 로봇세의 영향이 달라질 수 있어 신중을 기해야 한다는 겁니다.

노동력 부족의 해결책, 로봇세의 도입!

고령화와 저출산 문제도 로봇세 도입의 반대 근거 중 하나입니다. 로봇의 도입이 고령화와 저출산으로 인한 노동력 부족 문제의 해결책이 될 수 있는데, 로봇에 세금을 물리면 로봇의 도입을 저해하는 수 있어 우려가 나타납니다.

🧑‍🦰 "해외에서는 실생활에 로봇을 사용하는 경우가 늘면서 로봇세라는 개념이 생겼어요. 한국도 산업용 로봇 밀도가 높아지면서 로봇세 이야기가 나오고 있지요. 로봇을 소유한 사람이나 기업에 세금을 걷어 로봇 때문에 일자리를 잃은 사람을 지원하겠다는 거예요."

한공정 선생님이 반 전체를 둘러보며 말했다.

🧑‍🦰 "로봇세에 관해 이야기하기 전에, 국민 복지와 국가 운영에 쓰이는 세금을 누구에게 부과해야 할지 논의해 볼까요?"

🧑 "선생님, 국가가 국민에게 부과하는 게 세금 아닌가요? 로봇을 국민이라고 할 수 있나요?"

선생님의 제안에 이현이가 질문했다.

🧑‍🦰 "좋은 지적이에요. 국민은 국가를 구성하는 사람을 말해요. 국가는 국민에게 세금을 걷고, 투표할 권리를 비롯해 국민이 평등하게 살 평등권, 적절한 교육을 받을 사회권, 자유롭게 말하고 행동할 수 있는 자유권 등 갖가지 권리를 주지요. 로봇세를 낸다고 해서 로봇 자체에 이런 권리를 줄 순 없겠지요?"

이현이의 질문에 선생님은 국민의 정의와 권리를 설명했어요.

🧑 "그럼 로봇은 공장에서 일만 하고 권리도 못 누리는데 왜 세금을 내요?"

이현이는 말이 안 되는 주장이라고 못 박았다.

🧑‍🦰 "로봇세는 로봇에게 직접 매기지 않고 로봇을 소유한 주인에게 부과해요. 주인은 국민의 권리를 누릴 수 있으니, 로봇세를 부과하는

게 꼭 잘못되었다고 할 수만은 없겠죠?"

"만약 치킨 로봇 때문에 실업자가 되었다고 생각해 보세요. 억울하지 않겠어요? 로봇세는 그런 사람을 돕기 위해 걷는 겁니다."

"생각해 보니 로봇 때문에 앞으로 제가 할 수 있는 일이 줄어들 수도 있겠네요."

선생님과 예나의 지적에 이현이가 망설였다.

"맞아요. 앞으로는 배달, 청소, 서빙, 방역 등 로봇이 일하는 분야가 점점 늘어날 거예요. 당연히 실업자가 더 많이 생길 겁니다. 저는 로봇 발전보다 인간의 삶의 질이 더 중요하다고 생각해요. 무작정 개발만 하면 자칫 인간 소외 현상이 일어날지도 몰라요."

"실업자가 그렇게 많아질까요?"

이현이가 예나에게 물었다.

"제가 조사해 보니 산업용 로봇 증가세가 뚜렷해요. 2020년 우리나라 근로자 1만 명당 로봇은 1,000대입니다. 생각보다 많지요? 게다

> **지식 플러스**
>
> ### 인간 소외 현상을 알아봐요
>
> 인간이 생활을 편하게 하려고 만들어 낸 '물질'이 인간에게서 독립하여 거꾸로 인간을 지배하고 마는 현상이에요. 산업화가 급속하게 진행되던 19~20세기 초반에 본격적으로 등장한 개념이지요. 인간이 조직의 부품처럼 사용되고, 기계에 소외당하는 것이 대표적이에요. 인간의 편리한 생활을 위해 만들어진 기계가 인간의 자리를 차지하거나, 인간이 자신이 속한 조직의 목적을 위한 수단이 될 때 발생해요.

가 이는 전 세계 1위에 해당하는 수치라고 합니다. 그리고 로봇은 여러 명의 몫을 해내니 실업자가 분명 늘 거예요."

 "2위는 싱가포르인데 우리나라보다 훨씬 적네요."

표를 들여다보던 이현이의 목소리가 작아졌다.

 "로봇세는 사람의 일자리를 대신하는 로봇에게 사회적 책임을 묻는 일입니다. 예나의 지적대로 실업자가 생기는 등 산업 로봇의 경제적 파급 효과가 점점 커지기 때문이죠."

선생님은 토론의 핵심을 바로잡았다.

"선생님 말씀을 들어 보니 로봇세가 없으면 로봇을 도입하는 기업이 늘겠네요. 인건비를 줄일 수도 있고, 일의 효율이 높아질 테니까요. 로봇으로 인해 여러 효과를 누리니 로봇을 소유한 사람에게 세금을 철저하게 부과해야 해요."

"저는 로봇에 세금을 매기기엔 아직 이르다고 생각합니다."

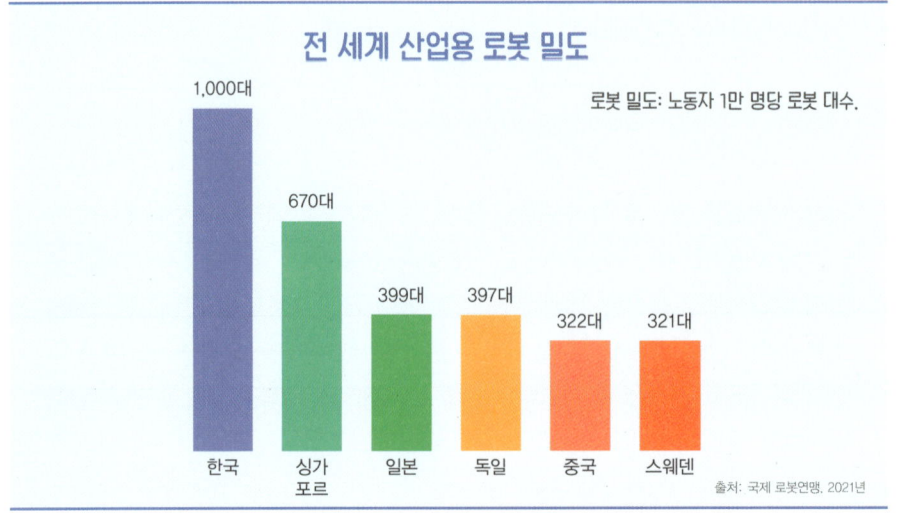

준영이는 반대 의견을 냈다.

> **용어 정리**
>
> **자아실현:** 개인이 가지고 있는 소질이나 능력을 최대한 실제로 이루고자 하는 욕구예요.

 "제 꿈은 로봇공학자라 로봇 산업에 대해 관심이 많아요. 로봇 산업은 이제 발전하는 단계라 세금을 부과하기엔 너무 이른 편이에요."

 "그게 무슨 뜻인가요?"

예나가 눈을 깜박였다.

 "만약 로봇에 세금을 매기면 로봇 분야의 발전 속도가 늦어질 수 있습니다. 기술에 투자할 금액을 세금으로 내니까요."

 "사람이 로봇에게 일자리를 빼앗기면 소득이 사라져 생활을 유지하기 힘들고, 자아실현 기회도 사라집니다. 그렇기에 기술 발전 속도보다 인간의 삶의 질과 직접 관련이 있는 실업 문제가 더 중요합니다."

예나는 고개를 가로저으며 강하게 말했다.

 "아니에요. 지금 전 세계가 미래 전략 산업인 인공지능과 로봇으로 경쟁하고 있어요. 만약 다른 나라에는 로봇세가 없고 우리나라에만 있다면 우린 기술 개발에 뒤처지게 됩니다. 그러면 국가 경제에 큰 영향을 미칠 거예요."

 "맞아요."

귀를 기울이던 이현이가 끄덕거렸다.

 "미국은 물론 옆 나라 중국도 우리보다 로봇공학 발전 속도가 빨라요. 미래에는 로봇이 국가 발전의 경쟁력이에요. 자료를 찾아보니 벌써 미국은 로봇을 활용한 자동화 관련 정책을 효율적으로 추진하기 위해 '국가 로보틱스 이니셔티브(NRI)'라는 기구까지 만들었어요. 자칫하다가 우리나라는 뒤처져 다른 나라의 로봇을 도입해야 할지도 몰라요."

준영이는 자신만만하게 가슴을 쫙 폈다.

"실제로 미국, 중국 등 여러 나라가 로봇 산업 지원에 매우 적극적이에요. 중국은 과감한 투자를 거듭해 화성 탐사 로봇을 개발했고, 로봇이 촬영한 화성 동영상을 지구에 보냈으니까요."

"우아."

중국의 기술 발전 속도에 아이들이 감탄했다.

"로봇이 더 발전하면 실업자도 빠르게 늘어 정말 큰 문제가 될 거예요. 로봇세는 그러한 사람들을 도울 수 있어요."

은찬이가 한숨을 푹 쉬었다.

"전국의 모든 치킨집에 로봇이 생길 수는 있어요. 그러면 우리는 치킨을 못 먹게 될지도 몰라요. 왜냐하면 실업자가 돼서 주문할 돈이 없으니까요."

"그래요, 직장을 다녀 월급을 받아야 하는데 로봇에게 일자리를 뺏기면 빈털터리가 되겠어요."

예나와 은찬이가 입을 모아 같은 의견을 말했다.

"방금 예나의 주장은 비약입니다. 비약은 논리나 사고방식 등이 차례를 따르지 않는 걸 말해요. 좀 더 합리적인 근거를 들어 주장하면 좋겠지요?"

"사람은 로봇이 대신할 수 있는 단순한 노동이 아니라 창의력을 발휘하는 분야에서 얼마든지 일할 수 있습니다."

가만히 듣던 준영이가 반박했다.

"그래도 발전 속도가 너무 빠르지 않나요?"

안경을 고쳐 쓴 은찬이가 준영이를 쳐다보았다.

"전 괜찮다고 생각합니다. 어서 기술이 개발되어서 힘든 일은 로봇에게 맡긴다면 인간은 전문적인 일에 집중할 수 있을 거예요."

"요즘은 인공지능까지 나타났어요. 챗GPT는 사람처럼 생각하고 대답해요. 사람같이 일하니 하루빨리 로봇에게 법인격을 부여해 세금을 걷어야 해요."

"로봇이 아무리 똑똑해져도 사람은 아니잖아요. 로봇을 프로그래밍하는 건 사람이라고요."

지식 플러스 — 인공지능과 챗GPT

인공지능은 인간의 학습 능력, 추론 능력, 지각 능력을 인공적으로 구현하려는 컴퓨터 과학의 세부 분야 중 하나예요. 인간의 지능을 기계 등에 인공적으로 구현한 거지요. 챗GPT는 대화형 인공지능 서비스예요. 2022년 11월에 출시되었는데, 사용자 수가 불과 두 달 만에 1억 명을 돌파했지요. 인간이 질문하면 그림, 작곡 등의 기능 수행은 물론, 직접 찾은 자료로 책을 기획하고 쓰기까지 했어요. 챗GPT 활용이 늘어나면서 여러 문제점도 생깁니다. 챗GPT가 찾아 준 자료를 그대로 베껴 과제로 내는 학생이 늘어나자, 미국의 한 공립 중고등학교에서는 챗GPT 사용을 금지했고, 일부 대학에서는 논문 표절 개념에 챗GPT를 포함하기도 했어요.

어느 쪽도 물러서지 않고 토론의 열기가 팽팽해지자 선생님이 나섰다.

 "모두가 관심이 많은 내용이라 그런지 열기가 팽팽하네요. 토론이 끝나도 이 문제에 대해 깊이 생각해 보고, 자기 의견을 정리해 봅시다."

> **용어 정리**
>
> **법인격:** 권리·의무의 주체가 될 수 있는 자격이에요. 법적 지위를 갖는 존재라는 의미지요.

토론의 쟁점을 정리해 볼까요?

 예나 은찬　　　　　　　　　　 준영 이현

로봇세, 도입해야 한다	로봇세, 도입해서는 안 된다
로봇 개발로 늘어난 실업자를 지원할 수 있다.	인간은 로봇이 할 수 없는 창의적 분야에서 일하면 된다.
로봇 개발보다 인간의 삶의 질이 우선이다.	인간의 권리가 없는 로봇에게 납세의 의무를 지울 순 없다.
로봇도 인공지능처럼 사람같이 생각하므로 법인격을 부과할 수 있다.	로봇 발전을 저해할 수 있다.

로봇세에 대한 세계 각국의 의견을 알아봐요!

다른 나라에서도 로봇세에 관한 이야기가 계속 나왔어요. 영국의 한 대학은 향후 20년 이내 영국 노동 시장에서 일자리의 35%가 자동화로 인해 사라질 것으로 예측하는 보고서를 내놓기도 했어요. 이로 인해 로봇세 개념은 더 주목받았답니다.

마이크로소프트의 창업주인 빌 게이츠는 로봇을 사용하는 회사는 로봇세를 내야 한다고 주장했어요. 자동화가 진행되면서 발생할 실직 사태를 늦추고 실직자들을 지원하자는 의미지요. 빌 게이츠는 한 인터뷰에서 "기술을 통해 노동이 사라진다고 해서 돈을 벌지 못하게 됐다는 의미는 아니기에 소득세 수준의 세금을 로봇 사용자에게 부과해야 한다"라고 말했지요. 또 로봇세를 걷어서 노인 복지와 교육에 쓸 수 있다며 일자리를 잃은 사람들이 재교육을 통해 다시 일어설 수 있다고 말하기도 했지요.

국제로봇협회는 빌 게이츠의 주장에 대해 "존재하지 않는 문제를 풀기 위한 주장"이라며 로봇세가 도입되면 고용과 경쟁에 부정적인 영향을 주고 기술 혁신을 저해할 것이라고 우려를 표하기도 했어요.

유럽연합(EU)은 2015년, 로봇에게 '전자 인간' 지위를 부여하고 로봇 사용으로 실직한 사람들을 위해 세금을 부과하는 것을 논의하며 로봇세 도입 법제화에 대해 논의했어요. 2017년 2월, 유럽의회는 '로봇 공학에 관한 민사법 규칙' 결의안을 통과시켜 로봇의 개발 및 확산에 대한 윤리적인 문제와 법적인 책임에 대해서는 입법화했지만, 로봇세 도입은 통과시키지 않았어요.

비정규직 문제, 어떻게 해야 할까요?

"성진아, 너희 집에 막내 삼촌 오셨지?"

정우는 화장실에서 돌아오는 성진이에게 다가갔다.

"네가 그걸 어떻게 알았어?"

"어젯밤에 학원 다녀오다가 편의점 앞에서 봤어. 예전에 우리한테 축구 가르쳐 주셨잖아."

성진이가 놀라서 묻자 정우가 배시시 웃었다.

"야, 너희 삼촌이랑 이번에도 축구 같이 할까?"

"축구는 무슨."

표정이 어두워진 정우가 퉁명스럽게 대답했다.

"왜, 무슨 일 있어?"

"우리 삼촌 시험 준비했는데 또 떨어져서 분위기 안 좋아."

"무슨 시험?"

축구할 생각에 들떠 있던 정우는 자꾸 물었다.

"공기업 취업 시험인데 올해 비정규직이 정규직으로 전환돼서 신규 채용을 거의 안 했대. 그래서 우리 집 분위기 꽝이야."

성진이가 투덜대자, 정우도 입을 꾹 다물었다.

"비정규직이면 아르바이트잖아."

시현이가 아는 체하며 끼어들었다.

"그건 아니지. 비정규직이 무슨 아르바이트냐. 전혀 다르다고."

윤서는 시현이에게 코웃음을 치며 설명했다.

"오윤서, 뭐가 다르냐?"

"어…… 그건……."

시현이가 몰아붙이자, 윤서가 머뭇거렸다. 아르바이트와 비정규직의 차이를 정확하게 모르는 눈치였다.

> **지식 플러스**
>
> ### 정규직, 비정규직, 아르바이트의 차이
>
> 아르바이트는 시간을 정해서 하는 시간제 근로 형태예요. 주로 사업장의 정해진 근로 시간보다 짧은 경우를 말해요. 정규직은 사용자와 직접 근로 계약을 맺고, 사업장에서 정해진 시간 동안 근무하는 근로 형태로, 직장에서 정년을 보장받아요. 비정규직은 정규직과 근로 방식, 근로 시간이 다르고, 정년을 보장받지 못하는 고용 형태를 말해요. 일정 시간 동안 일시적으로 일하며, 기간제 근로자(한시적 근로자), 단시간 근로자(시간제 근로자), 파견 근로자로 구분해요.

"아르바이트는 비정규직의 일종이지만 정우가 말한 공기업 비정규직과는 다르단다. 정부 기관이나 공기업, 국공립 교육 기관 같은 공공부문의 비정규직은 정규직 공무원과 같은 시간을 일해. 정규직과 똑같은 업무를 하지만, 일시적으로 일하는 근로자를 말하지. 급여나 복지에서 차이를 보여."

선생님은 둘의 차이점을 설명하셨다.

"너희가 이렇게 관심이 많으니, 오늘은 공공부문 비정규직의 정규직 전환을 주제로 토론해 볼까?"

"네, 선생님."

토론을 시작하기 전에!

공공부문 비정규직, 정규직 전환 해야 한다

정규직 전환으로 신규 채용이 감소했다는 주장, 사실과 달라

고용노동부는 정규직 전환으로 공기업 신규 채용이 감소했다는 주장은 사실과 다르다고 밝혔습니다. 일부 공공기관의 신규 채용 규모가 감소한 것은 코로나19로 인한 매출 감소 등 경영 여건 변화가 주된 원인이라고 말했습니다.

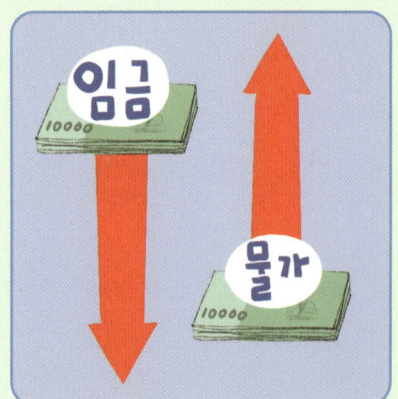

공공부문 비정규직 노동자들, 생계 어려워져

공공부문 비정규직 노동자들은 "코로나19 위기와 경제 위기, 물가 폭등 속에서 오히려 열심히 일하면 일할수록 임금은 적어지고 생계는 어려워지고 있다"고 주장하며 파업을 하기도 했습니다.

비정규직 노동자들, 정규직 전환 후 연봉 올라

정부의 공공부문 정규직 전환 정책으로 비정규직에서 정규직으로 바뀐 노동자의 연봉이 평균 390만 원 증가한 것으로 조사됐습니다. 노동부는 "일부 응답자는 교통비, 경조사 휴가, 병가 등도 추가로 받은 것으로 나타나는 등 처우가 전반적으로 개선됐다"고 평가했습니다.

공공부문 비정규직, 정규직 전환 하면 안 된다

공기업 채용, 점점 줄어들어

2023년 기준, 공기업 35곳 중 3분의 2인 23곳에서 일반 정규직 신규 채용 인원이 절반가량(47.3%) 줄어들었습니다.

무리한 정규직 전환, 이유로 꼽혀

공공부문 채용 감소는 코로나19로 인한 경영 악화와 기관 내홍 등을 원인으로 꼽고 있습니다. 무리한 정규직 전환으로 새로운 인력을 채용하기 어려워졌다는 지적도 나왔습니다.

정규직 전환 정책, 노동 시장이 양극화된다고?

공공부문 정규직화 정책은 취지와 달리 노동 시장 양극화를 강화한 측면이 있다는 의견이 있습니다. 같은 업무를 하는 비정규직 노동자들이 어느 기관에서는 정규직 전환 대상으로 인정됐지만, 어느 곳에서는 여전히 인정받지 못한 사례도 다수 발견됐습니다.

"여러분, 지난번 급식에 빵과 우유가 나온 날 기억하나요?"

선생님이 급식 이야기를 꺼내셨다.

"네, 그날 너무 배고팠어요."

성진이가 배를 문질르며 말했다.

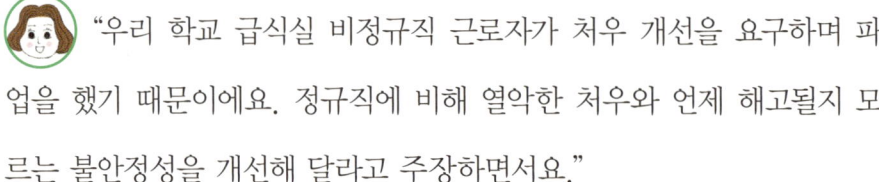"우리 학교 급식실 비정규직 근로자가 처우 개선을 요구하며 파업을 했기 때문이에요. 정규직에 비해 열악한 처우와 언제 해고될지 모르는 불안정성을 개선해 달라고 주장하면서요."

"아, 저 뉴스처럼요?"

선생님 말에 정우는 방금 봤던 기사를 떠올렸다.

"그래요. 그만큼 공공부문 비정규직 근로자는 우리 가까이에 있습니다. 이 문제에 대한 정우의 의견은 어때요?"

선생님은 고심하는 정우를 보았다.

"음, 저는 약간 불공평한 것 같아요. 공기업은 정년이 길고 근무 환경이 좋아서 많은 사람이 입사하고 싶어 해요. 저희 삼촌처럼 열심히

지식 플러스 | 정규직 전환 규칙을 알아봐요

공공부문 비정규직 근로자의 정규직 전환에는 몇 가지 규칙이 있어요. 상시·지속적 업무여야 해요. 특별한 일이 있을 때만 일하는 게 아니라 평상시에 계속 업무하는 근로자여야 한다는 뜻이에요.

다만 60세 이상 근로자의 경우 정규직 전환에 해당하지 않아요. 또, 9개월 미만으로 수행하는 업무나 업무가 끝나는 시점이 확실한 경우도 정규직 전환이 어려워요.

공부하고 시험을 봐서 합격한 사람을 정규직으로 써야죠."

정우는 삼촌이 한 이야기를 떠올리며 말했다.

 "비정규직은 정규직과 채용 절차가 다르잖아요."

정우는 기운 잃은 삼촌이 불쌍하다고 중얼거렸다.

"똑같이 일하면 대우도 같아야 해요. 정규직과 비슷한 일을 하면서 월급을 적게 받고, 휴가를 비롯한 복지 제도가 다르면 너무 불공평해요. 게다가 비정규직은 언제 해고될지도 모르잖아요."

고심하던 윤서가 입을 열었다.

"저희 급식 선생님들은 모두 열심히 일해요. 겉으로는 정규직과 비정규직을 구분하기 어렵지요. 같은 일을 하면서 누구는 정규직, 누구는 비정규직이라면 불공평해요. 함께 일하는 정규직과 비정규직 사이도 어색할 수 있어요."

"맞아요. 우리가 토론하는 이 주제는 사회적으로 의견이 갈려 진통을 겪는 중입니다. 우리나라에서는 2017년부터 주요 국정 과제로 '공공부문 정규직 전환 정책'을 단계별로 추진 중이에요. 하지만 워낙 견해 차이가 커서 정부도 쉽게 결론을 내리지 못했어요."

한공정 선생님이 사회적 갈등 상황을 설명했다.

"갑자기 비정규직 직원이 정규직이 된다면 기존 정규직 직원과 갈등이 생길지도 몰라요."

"저는 비정규직을 정규직으로 전환한다면 오히려 이득이 된다고 생각해요. 좋은 대우를 받고 안정적인 환경에서 근무하면 전보다 일에 집중해서 효율이 오를 거예요. 평생직장이니 더 열심히 일할 테고요."

곰곰이 생각하던 시현이가 말했다.

"맞아요. 직원들의 능률이 오르면 회사도 성장할 테고요. 그럼 다음번에 직원을 뽑을 때는 모두 정규직으로 뽑을 수 있지 않을까요?"

"그건 어려운 일이라고 생각합니다. 모든 직원을 정규직으로 뽑으면 비용이 엄청납니다. 결국 새 직원을 고용하기 어려워 일자리가 줄어들지도 모릅니다."

성진이가 반대 의견을 냈다.

"하지만 비정규직도 똑같이 일합니다. 같은 일을 하고 돈을 적게 받는 건 말도 안 되는 일입니다. 처음부터 정규직으로 직원을 뽑으면 이런 문제가 없을 거예요."

윤서는 눈을 동그랗게 뜨고 성진이를 보았다.

"회사는 직원의 입장만 생각할 순 없습니다."

성진이도 지지 않고 말했다.

"실제로 많은 기업이 성진이가 말한 이유로 비정규직을 채용해요. 만약 모든 직원을 정규직으로 고용하면 회사는 그 비용만큼 판매하는 물건의 가격을 올려야 하고요. 소비자는 더 비싼 가격을 내야 하지요."

선생님은 복잡한 경제 시장 구조를 간략하게 설명했다.

"전부 정규직으로 뽑을 수는 없더라도 점차 비정규직은 줄여야 한다고 생각해요. 비정규직은 임시직이라 정년이 보장되지 않아요. 계약 기간 이후에 직장을 그만둬야 한다면 불안감이 클 거예요. 게다가 비정규직을 줄이려고 노력하지 않으면 비정규직은 점점 늘어날 거예요. 실제로도 그렇고요."

윤서는 비정규직 비중을 비교한 자료를 꺼냈다.

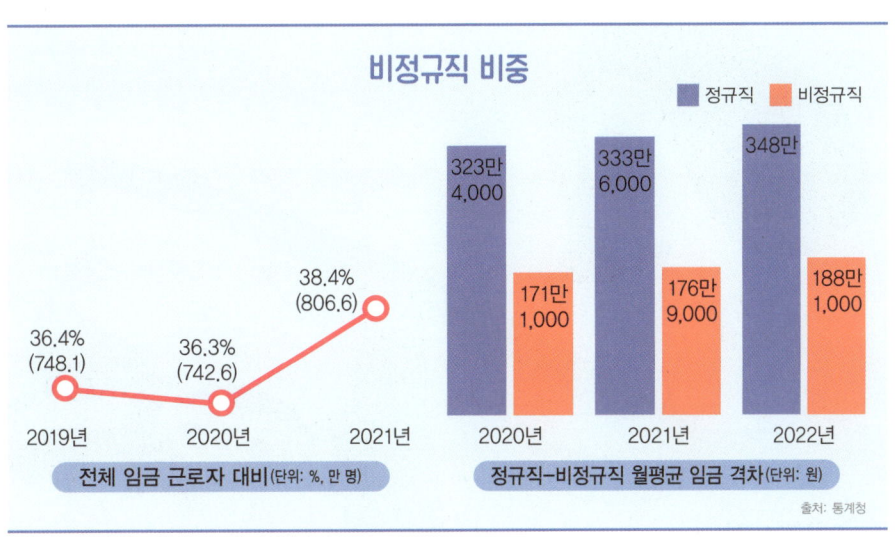

"보다시피 비정규직 숫자가 증가했어요. 게다가 비정규직은 정규직에 비해 월급도 적게 받고요."

윤서는 자신의 의견을 덧붙였다.

"맞아요. 최근 일반 기업뿐만 아니라 공공부문 비정규직 규모가 2019년에 비해 2022년 19.5% 증가했다고 해요."

"비정규직의 월급은 거의 절반이네요. 이 정도인 줄은 몰랐어요."

계속 윤서와 대립하던 성진이가 표를 열심히 들여다보았다.

"비슷한 일을 하고 임금을 절반 정도로 주는 건 잘못된 거 같습니다."

심각한 임금 차이에 성진이는 내내 주장하던 의견을 바꾸었다.

"성진아, 넌 찬성이야, 반대야? 하나만 정해."

정우는 의견을 바꾼 성진이에게 항의했다.

"누구 편이 어딨어. 그냥 토론하는 거지."

머쓱해진 성진이가 대답했다.

 "두 주장 모두 타당하니 그런 거죠? 토론이 끝나고도 이 문제에 대해 생각해 보도록 하고 오늘은 이만 정리할까요?"

한공정 선생님이 나서서 토론을 마무리했다.

 토론의 쟁점을 정리해 볼까요?

 시현 윤서　　　　　　　　　　　 성진 정우

공공부문 비정규직, 정규직 전환 해야 한다	공공부문 비정규직, 정규직 전환 하면 안 된다
같은 일을 하면 임금도 복지도 같아야 한다.	채용 절차가 다르기에 역차별로 보일 수 있다.
비정규직일 때보다 책임감이 늘어 업무 능률이 오른다.	채용 시장이 얼어붙어 일자리가 줄어들 수 있다.

다른 나라의 비정규직을 알아볼까요?

다른 나라의 비정규직은 어떤 처우를 받을까요? 유럽연합(EU)은 정당한 이유 없이 단시간 근로자 또는 기간제 근로자라는 이유로 차별 대우를 하지 못하도록 규정하고 있어요. 영국의 경우 단시간 근로자 차별금지법'(2000년. 7월), '기간제 근로자 차별금지법'(2002년. 10월)을 제정해 객관적으로 정당한 사유가 없는 한 임금, 연금 등 근로 계약과 교육 훈련 등에 불리한 대우를 받지 않도록 했어요.

독일도 비슷해요. 2001년 '단시간 근로 및 기간제 근로에 관한 법률'을 제정해 단시간 또는 기간제 근로를 이유로 불리한 처우를 금지하고 있어요.

프랑스는 이보다 앞선 1979년부터 법적으로 차별을 금지하고 있어요. 일반 근로자에게 적용되는 법 규정, 단체 협약 및 관행을 기간제 근로자에게도 적용한 거예요. 특히 같은 사업장에서 같은 자격으로 동일한 업무를 하는 기간제 근로자는 정규직과 같은 임금을 받도록 하고 있어요. 게다가 2002년에는 위반 시 벌금 조항도 추가했어요. 벌금은 2만 5,000프랑(한국 돈 약 500만 원)이며, 재범 시 벌금 5만 프랑 또는 6개월 구금형에 처하고 있어요.

반면 미국의 경우 정규직과 비정규직을 구분하지 않아요. 미국의 노동관계법은 근로자를 노동자와 종업원 그리고 독립 계약자로 분리하고, 종업원에게만 노동관계법을 적용해요. 그 결과 비정규 노동자도 종업원으로 인정되면 정규직과 동일한 법을 적용받아요. 이렇게 보면 비정규 노동자와 정규 노동자를 차별하지 않는 것처럼 보이지만 실상은 그렇지 않아요. 종업원으로 분류되지 못한 비정규 노동자는 법의 보호를 받지 못하거든요.

일본도 비정규직이 사회적 문제예요. 일본은 많은 기업이 비용을 줄이기 위해 비정규직을 뽑았고, 그 비율이 꾸준히 늘어났어요. 저임금으로 결혼과 출산을 포기하는 사람도 많아졌어요. 사람들이 돈을 잘 쓰지 않으니 경제도 침체됐어요. 일본은 이런 문제를 해결하기 위해 1998년, 기본 계약 기간의 상한을 1년에서 3년으로 연장하여, 모든 근로자가 2년 또는 3년 계약을 할 수 있게 했어요. 그뿐만 아니라 작년 8월, 노동자 근로 계약이 5년을 넘을 때 무기 계약으로 전환하도록 법을 개정하고, 기업에 비정규직의 정규직 채용을 권고하는 등 비정규직을 줄이고 정규직을 늘리려고 노력하고 있어요.

재난 지원금,
꼭 전 국민에게 줘야 할까요?

"짠, 나 히어로 유니버스 12권 샀다!"

은찬이가 책가방에서 반짝반짝한 새 만화책을 꺼냈다. 요즘 인기 많은 시리즈의 최신 권이었다.

"와, 좋겠다. 은찬아 너 다 보고 나 읽게 빌려줘. 저번처럼 금방 읽고 주면 되지?"

이현이가 목을 길게 빼고 책을 쳐다보았다.

"강이현, 너 아주 당연하게 빌려 달라고 한다?"

은찬이는 약이 오르는지 입술을 삐죽거렸다. 11권도 빌려 읽은 이현이가 또 책을 탐내니 어쩐지 얄미운 모양이었다.

"엄마가 재난 지원금 끝났다고 만화책은 안 사 줘. 이젠 서점에서 문제집만 사래."

이현이는 우는 시늉을 하며 눈꼬리를 늘어트렸다.

"재난 지원금이 만화책이랑 무슨 상관이야?"

옆에서 듣던 예나가 고개를 갸웃했다.

"예전에 전 국민 재난 지원금 100만 원 받았을 때는 그 돈으로 동네 서점에서 만화책 많이 샀거든."

이현이는 이제 재난 지원금을 받을 일이 없어 만화책을 못 산다고 툴툴댔다.

"국가에서 재난 지원금 또 주면 좋겠다. 그러면 히어로 유니버스 다 살 텐데."

"난 꼭 필요하지 않으면 재난 지원금 주면 안 될 거 같아."

시현이가 이현이를 쳐다보았다.

"주시현, 너희 집도 재난 지원금 받지 않았어? 꼭 필요한 곳에 쓰는지 아닌지, 국가가 일일이 어떻게 확인하겠어?"

> **지식 플러스 | 재난 지원금이란 무엇일까요?**
>
> 자연 현상 탓에 사망하거나 실종된 사람, 상처 입은 사람, 주택이나 주 생계 수단인 농업·어업·임업 등에 재해를 입은 사람의 재난 복구 및 구호를 위해 지원하는 돈이에요. '재난구호 및 재난복구 비용 부담 기준 등에 관한 규정'에 근거하고 있어요. 코로나19가 발생하자 우리나라 정부는 여러 번에 걸쳐 재난 지원금을 지급했어요. 1차는 전 국민에게, 5차는 소득 하위 88% 이하의 국민에게 지급했어요.

이현이는 억울하다는 듯 말했다.

"내 말은 전 국민에게 재난 지원금을 줄 필요가 없다는 뜻이야. 재난 지원금은 말 그대로 재난으로 어려움을 겪는 사람에게 줘야 해. 재난으로 생계가 위험하거나, 일상을 유지할 수 없는 사람한테 말이야. 건강을 위해 고기를 사 먹거나 책을 사라고 준 돈이 아니라고."

시현이가 이현이한테 설명했다.

"만화책도 정신 건강에 도움이 되는데, 뭐 어때!"

이현이가 자리에서 일어서자, 교실에 흩어졌던 아이들이 주변으로 모여들었다.

"우리 반은 오늘도 아침부터 시끄럽구나. 재난 지원금 이야기 중이었니?"

한공정 선생님이 이현이에게 다가왔다.

"네, 선생님."

"재난 지원금은 국민이 낸 세금으로 주니, 전 국민에게 골고루 혜택을 배분하느냐는 중요한 문제란다. 기왕 말이 나왔으니, 오늘은 전 국민 재난 지원금을 주제로 토론해 보자. 어때?"

"네, 좋아요."

시현이가 야무진 목소리로 말했다.

"저도 좋아요."

이현이도 지지 않고 대답했다.

> 토론을 시작하기 전에!

재난 지원금, 전 국민에게 줘야 한다

선별 지원이 공평하지 않을 수 있다고?

코로나19로 인한 재난 지원금 지급 대상을 선별하는 과정이 형평성에 어긋난다는 의견이 잇따르고 있습니다. 보건사회연구원 한 관계자는 재난 지원금 지급 기준인 건강 보험은 "직장 가입자와 지역 가입자는 소득 산출 기준이 달라 형평성 논란이 발생할 것"이라고 지적했습니다.

명확한 지원금 지급 기준이 없어

명확한 기준이 없기에 지원금 지급 기준을 둘러싼 혼란은 계속 이어질 것으로 보입니다. 게다가 한 지자체는 재난 지원금 100% 지급을 확정하기도 했습니다. 정부 지원 대상에서 제외된 소득 상위 12% 주민에게 1인당 25만 원의 재난 지원금을 지역 화폐로 지급하기로 한 것입니다.

선별 지급이 되려 소득 감소로 이어져

한 전문가는 "코로나19로 인해 2020년에는 전 국민 재난 지원금, 저소득층 소비쿠폰, 한시적 생계 지원 등 저소득층을 중심으로 추가 지원금이 나갔지만, 2021년에는 소상공인이나 소기업 중심으로 지원 대상이 변경되면서 저소득층 소득이 감소해 어려움을 겪었다"고 분석했습니다.

재난 지원금, 선별해서 줘야 한다

소득 낮은 계층에 지급해야 소비 가능

한 전문가는 "재난 지원금은 코로나19로 피해를 본 계층에 지급되는 것이 원칙"이라며 "결국 소득이 낮은 계층에 집중적으로 지급해야 소비가 늘어 경기 부양 효과도 커질 것"이라고 설명했습니다.

저소득층, 자영업자 선별 지급 선호

가구 소득별로는 저소득층, 직업별로는 자영업자(64.0%)가 선별 지급을 선호했습니다. 선별 지급을 하면 저소득층과 취약계층, 자영업자 등이 더 많이 지원받을 수 있을 것이라는 기대감이 반영된 것으로 보입니다.

선별 지원으로 대응력을 높일 수 있어

전문가는 "선별적으로 지급할 때 재정을 건전하게 유지하면서도 현재 상태가 장기화하더라도 대처할 수 있는 대응력을 높일 수 있다"고 설명했습니다.

"코로나19가 한창이던 2020년, 대한민국 모든 국민은 국가에서 재난 지원금을 받았어요. 외출이 어렵고 소비 심리가 위축되어 움츠러든 경제를 활성화하려는 조치였어요. 기억하죠?"

"네, 선생님."

6학년 1반 아이들이 합창하듯 대답했다.

"최근에도 경제가 어려운 만큼, 전 국민에게 재난 지원금과 같은 취지인 민생회복지원금을 줘야 한다는 의견이 있었어요. 세금으로 국민을 도와준다는 의의는 좋아요. 하지만 전 국민에게 지급하는 게 세금을 적절하게 사용하는 일인지 다 같이 생각해 보면 좋겠어요. 먼저 이현이가 말해 볼까요?"

선생님은 논점을 놓치지 않도록 중요한 부분을 짚어 주셨다.

"네, 저는 전 국민 재난 지원금이 꼭 필요하다고 생각해요. 재난으로 경제가 위축되었으니, 국민에게 소비 활동을 하라고 주는 돈이잖아요. 만화책 구매도 결국 국내 경기를 살리는 일이니 문제없을 것 같고요."

이현이는 만화책의 쓸모를 지적한 시현이를 바라보며 말했다.

"그리고 저는 동네 서점에서 책을 샀으니 지역 상권을 활성화시킨 거예요. 전 국민 재난 지원금 지급 취지에 어긋나지 않아요."

"맞아요. 전 국민에게 재난 지원금을 지급한 이유는 지역 소상공인을 돕기 위해서였던 만큼 백화점이나 마트에서도 못 쓰게 했어요."

선생님이 재난 지원금 지급 의의를 설명해 주셨다.

"저희 엄마도 재난 지원금의 사용처를 정해 둔 건 사람들이 코로나로 외출을 안 하고 자꾸 배달해 먹거나 인터넷 쇼핑만 해 동네 가게가 어려워지니 집 근처에 나가 소비하라는 뜻이라고 했어요."

"맞습니다. 전 국민 재난 지원금은 코로나바이러스 공포를 극복하고 집 밖 외출을 하라는 정부의 방침이었어요."

선생님이 예나의 설명을 보충했다.

"저는 전 국민에게 지원금이 필요하지는 않다고 생각해요."

조용한 교실에서 은찬이가 다른 의견을 냈다.

"코로나19 유행으로 인한 5차 재난 지원금 지급 당시 정부는 건강보험료를 기준으로 상위 12%의 사람들을 제외했습니다."

은찬이는 안경을 고쳐 쓰며 말을 이었다.

"찾아보니 정부에서 지원금 지급을 제외한 상위 12%는 1인 가구는 연 소득 5천만 원 이상, 4인 가구는 연 소득 1억 2천4백만 원 이

지식 플러스 | 전 국민 재난 지원금은 어디에서 사용할 수 있을까요?

코로나19 시기에 지급된 전 국민 재난 지원금은 사용할 수 있는 곳이 한정되어 있었어요. 백화점과 마트, 온라인 전자상거래에는 사용할 수 없었어요. 유흥업종이나 사행업종, 그리고 교통·통신비와 공과금에도 사용할 수 없었지요. 대기업보단 소상공인을 도와주기 위해서 제한을 둔 거예요. 그럼 어디서 사용할 수 있었을까요? 재난 지원금을 지급할 때마다 조금씩 다르지만 보통 전통시장이나 동네 마트, 학원, 병원 편의점, 서점 등에서 사용할 수 있어요. 또 어린이집이나 유치원에서도 사용할 수 있답니다.

상을 말한대요. 세금 지원이 없어도 어렵지 않은 계층이에요. 선생님 말씀대로 세금이 빈부 격차를 해소하는 데 쓰여야 한다면 이들에게는 주지 않아도 된다고 생각합니다."

시현이가 맞장구를 쳤다.

"동의해요. 생활이 어려운 사람에게 지급해 경제를 활성화시키는 것이 지원금 지급 취지이니 모두에게 줄 필요는 없다고 생각해요."

은찬이는 어깨를 펴고 말했다.

"재난 상황은 재산과 상관없이 누구에게나 찾아올 수 있습니다. 그래서 한 지자체에서도 코로나19 5차 재난 지원금 지급 당시 소득 수준 때문에 제외된 지역민에게 똑같이 재난 지원금을 준 것이고요."

"그렇게 생각할 수도 있겠네요."

이현이가 빤히 쳐다보자, 은찬이는 머리를 긁적였다.

"게다가 건강보험을 기준으로 나누는 건 허점이 많다는 주장도 있습니다. 직장 가입자인지 지역 가입자인지에 따라 소득 산출 방법이 달라 형평성에 맞지 않습니다."

이현이는 자기 생각을 조목조목 이야기했다.

"또, 선별 지급한다고 해서 국가 재정이 크게 나아지는 건 아니라고 생각해요."

"제 생각은 반대예요. 1차 재난 지원금은 14.2조 원이었지만 2차 재난 지원금은 대상을 선별하여 7.8조로 줄였어요. 세금을 두 배 정도 아낀 셈이죠. 따라서 국가 재정에 큰 도움이 되었다고 생각합니다."

시현이는 지원금을 비교하며 말했다.

"그리고 회장 선거 때 인기를 얻기 위해 치킨을 사겠다고 하거나 학교에서 스마트폰 게임을 허용한다는 등 지키기 어려운 공약을 세우는 것처럼 전 국민 재난 지원금 지급을 통해 선거 지지율을 올리려는 정치인까지 나타났고요."

시현이는 재난 지원금을 선거 공약으로 내세운 정치인을 예로 들었다.

"하지만 재난 지원금이 없어지고 소득 격차가 벌어졌다는 자료

14.2조

두 배 정도 아낀 셈이야.

7.8조

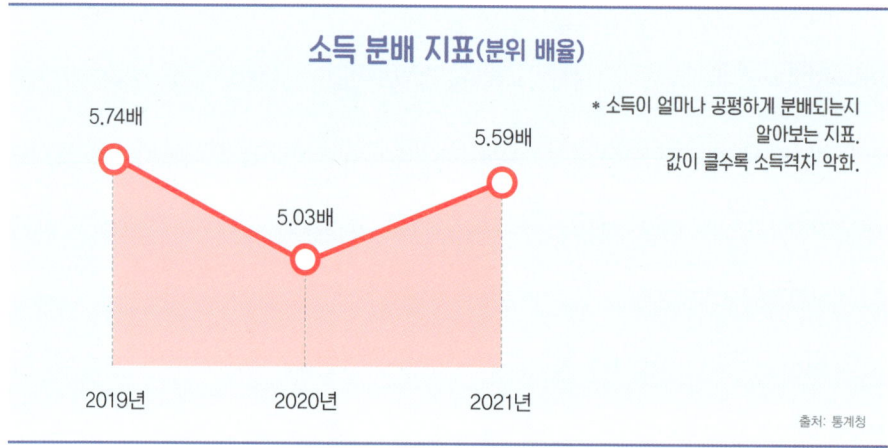

를 보세요. 재난 지원금을 받은 부자들도 어딘가에 그 돈을 쓰며, 결국 소상공인을 돕게 돼요."

예나는 소득 격차를 근거로 제시했다.

 "두 학생 모두 자료 조사를 아주 열심히 했네요."

한공정 선생님은 적극적으로 토론하는 예나와 시현이를 칭찬했다.

 "혹시 자신의 의견을 말하고 싶은 다른 친구 있나요?"

선생님 말에 예나가 손을 들었다.

지식 플러스 재난 지원금과 포퓰리즘

포퓰리즘은 대중의 의견과 바람을 대변하고자 하는 정치사상 및 활동을 이야기해요. 권력과 대중의 정치적 지지를 얻기 위한 하나의 수단이자, 비현실적인 정책이라는 지적도 있어요. 선거를 앞두고 무분별하게 재난 지원금을 지급하거나 재난 지원금 지급을 공약으로 내세우는 정치인도 있었어요. 이를 두고 사람들은 재난 지원금이 경제에 도움이 된 만큼 경제를 살리기 위한 공약이라는 주장과 '선심성' 포퓰리즘 정책이라고 보는 시각이 있어요.

"어떤 일이든 장단점이 있습니다. 하지만 재난 지원금은 단점보다는 장점에 주목해야 합니다. 왜냐하면 모든 국민이 어려운 비상 상황에 지급되기 때문입니다."

"예나가 이 문제에 대해 깊이 생각하고 있었네요. 오늘도 수고 많았어요."

선생님은 미소를 머금었다.

토론의 쟁점을 정리해 볼까요?

예나, 이현 / 시현, 은찬

재난 지원금, 전 국민에게 줘야 한다	재난 지원금, 선별해서 줘야 한다
코로나19는 모두가 겪은 재난인 만큼 전 국민에게 줘야 한다.	한정된 세금을 모두에게 주는 건 재정을 더 어렵게 한다.
소비를 촉진해 경제를 활성화할 수 있다.	세금을 통해 빈부격차를 해결할 수 있다.
선별 기준이 모호하므로 모두에게 지급해야 한다.	선거를 앞두고 포퓰리즘으로 이용될 수 있다.

다른 나라의 재난 지원금 지급 기준을 알아볼까요?

미국에서는 2020년에 554.7조 원, 2021년에는 604.9조 원이라는 천문학적인 예산을 재난 지원금으로 투입해 선별적으로 지급했어요. 연간 소득이 7만 5천 달러(한화 약 1억 28만 원) 이하의 성인에게 1인당 약 150만 원에 이르는 1천 2백 달러를 지급했지요. 세금을 기준으로 연간 소득이 9만 9천 달러(한화 약 1억 3천 2백 원)를 초과하면 지급 대상에서 제외했어요. 노인, 장애인 등 사회보장 연금을 받는 시민도 정해진 연간 소득 범위 내에 해당하면 지원금을 받을 수 있었어요. 특히 별도로 세금을 보고할 필요가 없고, 신청 절차 없이 자동으로 계좌로 입금했어요.

일본의 경우 소득이 50% 이상 감소하는 등 소득이 급감한 가구에 30만 엔(한화 약 271만 원)을 지급했어요. 여기에 미성년자 자녀 1인당 10만 엔(한화 약 90만 원)을 추가 지급하겠다고 했지만, 국민의 60%가 반대했어요. 코로나로 인해 피해를 본 국민이 18세 이하의 청소년을 가진 세대만은 아니라는 이유에서였지요.

캐나다는 코로나19 대비 긴급 지원 프로그램(CERB)을 도입했어요. 이를 통해 코로나19 팬데믹 선언 이후 일자리를 잃거나 소득이 줄어든 사람에게 4주에 2,000달러(한화 약 180만 원)씩 지원했지요. 주민등록번호와 출생 연도만 입력하면 별다른 소득 검사 없이 재난 지원금을 지급했어요. 그러다 보니 부정수급 문제가 속출했고, 소득 기준과 상관없이 '코로나19로 소득이 줄어든 가구'에 지급돼 고소득층에도 지원해 준다는 지적이 나왔어요. 결국 CERB 프로그램은 종료됐어요. 홍콩은 전체 영주권자에게 1만 홍콩달러(한화 약 170만 원)가 지급되고, 싱가포르는 전 국민에게 소득에 따라 100~300싱가포르달러(한화 약 10~30만 원)를 지급했어요.

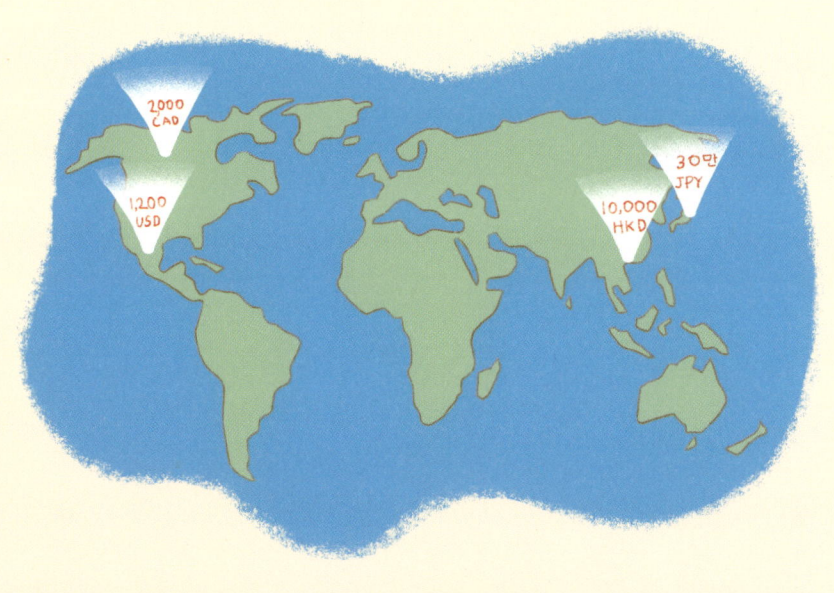

통일, 꼭 해야 할까요?

"다들 집에서 안 읽는 책 가져왔지?"

한공정 선생님이 칠판 앞에 서서 반 전체를 둘러보았다.

"네. 그런데 제 책 말고 중학생 형이 읽던 책도 되죠?"

성진이가 두꺼운 책을 들고 물었다.

"물론이지, 탈북 어린이와 청소년에게 기부하는 도서라 괜찮단다."

선생님은 싱긋 웃으며 성진이의 책을 받아서 들었다. 반 아이들이 차례로 나와 기부할 책을 쌓았다. 전래 동화부터 학습 만화까지 온갖 책이 모여 순식간에 큰 더미를 이루었다.

"탈북민 관련 다큐를 봤는데 목숨 걸고 탈출하더라고요. 마음이 너무 아팠어요. 빨리 우리나라가 통일돼서 그런 일이 없었으면 좋겠어요."

예나가 작은 소리로 말했다.

"나는 반대야. 탈북한 사람들만 도와주면 되지, 꼭 통일돼야 하나?"

옆에서 예나의 말을 듣던 이현이가 반대 의견을 내비쳤다.

"그렇지만 통일하지 않으면 결국 계속 목숨 걸고 탈출하는 사람이 생길 거야."

"그건 나도 동의해. 그렇지만 통일은 쉬운 문제가 아니잖아. 북한은 우리와 사상이 많이 달라. 게다가 경제적으로도 차이가 커서 한 나라가 되면 더 불편할 거야."

이현이와 예나가 모두 자신의 주장을 굽히지 않았다.

"우리나라는 아직 북한과 전쟁이 끝나지 않았어. 종전 상태가 아니라 휴전 상태잖아. 통일되면 장점이 더 많아. 전쟁이 끝나고 개발도 할 수 있고 말이야. 또 군대 문제도 해결될 테고."

> **지식 플러스**
> ### 정전, 휴전, 종전의 차이를 알아봐요
>
> 정전은 전쟁 중인 나라들이 전투를 일시적으로 멈추는 거예요. 교전 당사국들이 정치적 합의를 이룰 수 없어 국제기관이 나서지요. 우리나라는 1950년 6월 25일 전쟁을 시작해 1953년 7월 27일, 3년여 만에 '정전 협정 및 휴전 협정'을 맺었어요. 북한과 중국, 유엔이 한국 전쟁의 중지를 합의한 서명문에 서명한 것을, 바로 '정전 협정문'이라고 해요.
>
> 그럼, 휴전은 뭘까요? 휴전은 국제법상으로는 전쟁 중이지만 당사국끼리 협상을 통해 전쟁을 멈춘 상태를 말해요. 우리나라가 여기에 해당하지요. 종전은 무엇일까요? 종전은 전쟁이 완전히 끝난 상태예요. 전쟁을 종료하고 상호 적대 관계를 해소하고자 하는 교전 당사국 간의 공동 의사 표명을 뜻하죠.

"통일된다고 꼭 평화로울까? 오랜 시간 교류 없이 지내서 북한과 우리나라는 거의 다른 나라나 마찬가지야. 문화도 다르고 언어도 많이 달라져서 이젠 외국이랑 다를 게 없어."

반 친구들 모두 관심을 가지고 두 사람의 이야기에 집중했다.

"남북통일은 정말 중요한 문제야. 그리고 상당히 어려운 일이기도 하지."

책을 정리하던 선생님이 두 아이의 어깨를 짚었다.

"통일에 대해선 다양한 의견이 나올 수 있어. 반 친구들 의견이 궁금하니, 오늘은 남북통일에 대해 정식으로 토론해 볼까?"

"네, 좋아요."

"저도 토론 환영해요."

토론 제안에 예나와 이현이가 대답했다.

토론을 시작하기 전에!

통일, 해야 한다

통일로 국방 비용 및 군 복무 기간 감소

전문가는 남북이 통일되면 향후 20년간 약 400조 원의 국방 예산이 절감된다고 분석했습니다. 군 복무 기간도 차례대로 줄어 12개월 미만이 될 거라 밝혔습니다.

막대한 투자, 일자리 창출 등 경제 전망도 밝아

남북의 경제 통합이 이뤄지면 교통 기반 시설 부문에서 막대한 투자가 유입되고 많은 일자리가 창출될 것으로 보입니다. 특히 대륙횡단철도와 북극 항로는 지금까지와는 전혀 다른 차원의 국제 협력을 가능케 하고 새로운 기회를 제공할 것이라는 전망입니다.

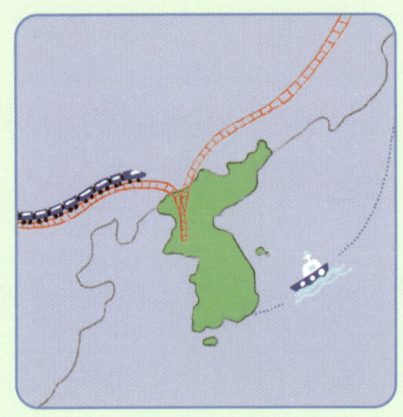

통일로 북한 관련 안보 문제 해결

북한은 현재까지도 미사일을 발사하는 등 도발을 일삼고 있습니다. 전문가는 통일이 되면 "현재 북한이 가하는 역내 평화와 안정에 대한 주요 위협이 제거될 것"이라며 특히 "불안정을 초래하는 북한의 핵무기와 탄도미사일 프로그램이 종식될 것"이라고 말했습니다.

통일, 안 해도 된다

일부 탈북민, 남한 이주 후회해

북한 이탈 주민 18.5%가 우리나라로 이주한 것을 후회한다는 설문 조사 결과가 나왔습니다. 이들은 문화적 차이(84.48%), 심리적 외로움(70.69%), 경제적 문제(65.52%) 등의 어려움을 겪고 있다고 답했습니다.

통일 비용으로 825조 원가량 예상돼

전문가들은 사회가 정상 운영되기 위한 비용을 통일 비용이라고 정의하며 통일 후 북한 주민이 1인당 소득 1만 달러 달성에는 7,065달러(한화 약 825조 원)가 소요될 전망"이라고 분석했습니다.

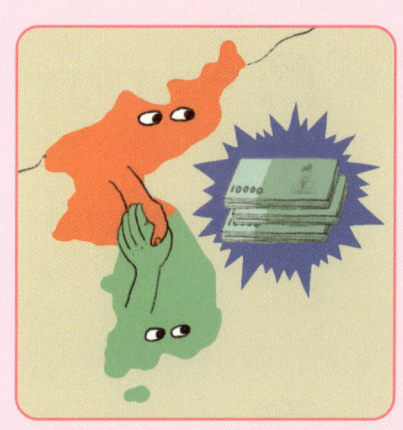

북한의 인권 인식 개선이 먼저

전문가는 "북한 주민의 인권 상황을 개선해 나가는 일이 실질적인 통일 준비"라고 말했습니다. "북한 인권 조사 기록은 인권 탄압으로 고통받는 북한 주민에게는 대한민국이 함께하고 있다는 위로와 희망이 될 것"이라고 강조했습니다.

"같은 민족이지만 아직도 우리나라와 북한은 가깝고도 멀어요. 전쟁도 끝나지 않은 휴전 상태지요. 우리나라와 북한 통일을 주제로 토론해 봐요."

"전 한민족이니 당연히 통일해야 한다고 생각해요. 탈북민이 나오는 영화를 봤는데 탈북하기까지 정말 힘든 과정을 거치더라고요."

"나도 봤어. 영화 정말 인상 깊더라."

예나 말에 성진이가 고개를 끄덕였다.

"북한이 점점 살기 어려워지면서 탈북민도 늘어나고 있어요. 북한의 인권 문제도 논란이 되고 있고요. 통일하면 이들을 도울 수 있을 거 같아요."

"저는 그 의견에 반대합니다."

이현이가 머리를 절레절레 흔들며 큰 소리로 말했다.

"단순히 북한의 현실이 어렵다는 이유로 통일을 진행하면 안 됩니다."

이현이의 말투가 무척 단호했다.

"인권 의식과 문화 차이로 오히려 탈북민이 어려워하는 예도 있습니다. 아까 선생님이 보여 주신 뉴스에서도 18.5%의 탈북민이 우리나라에 온 것을 후회한다고 했고요. 길고양이가 불쌍하다고 모두 데려올 수 없는 것처럼 통일도 신중해야 합니다."

"고양이를 입양하는 것과 통일은 다른 문제라고 생각합니다."

예나가 이현이 주장의 문제점을 지적했다.

"저는 같은 문제라고 생각해요. 다르긴 뭐가 다르냐? 똑같지."

두 사람이 열띤 토론을 벌이자 지켜보던 아이들이 웅성거렸다.

"자, 진정하세요. 이현이의 주장은 지나친 비약입니다. 토론 중 감정적인 발언은 자제하세요."

"네, 선생님."

잘못을 지적받은 이현이는 말을 줄였다.

"저는 우리나라의 경제 발전과 인구 문제 해결을 위해 통일에 찬성합니다. 우리나라는 심각한 저출산 국가로 인구가 계속 줄고 있습니다."

성진이는 우리나라의 인구 그래프 자료를 내밀었다.

"2023년 출산율이 0.72%까지 떨어졌습니다. 사람들이 점점 아기를 낳지 않습니다. 인구 문제는 경제와도 직결됩니다. 경제활동인구가 줄어들면 국가 경제는 성장할 수 없습니다."

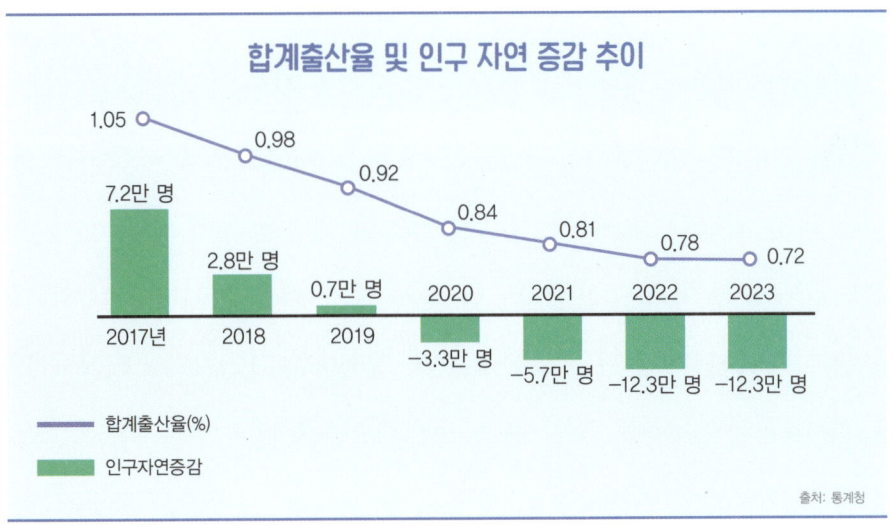

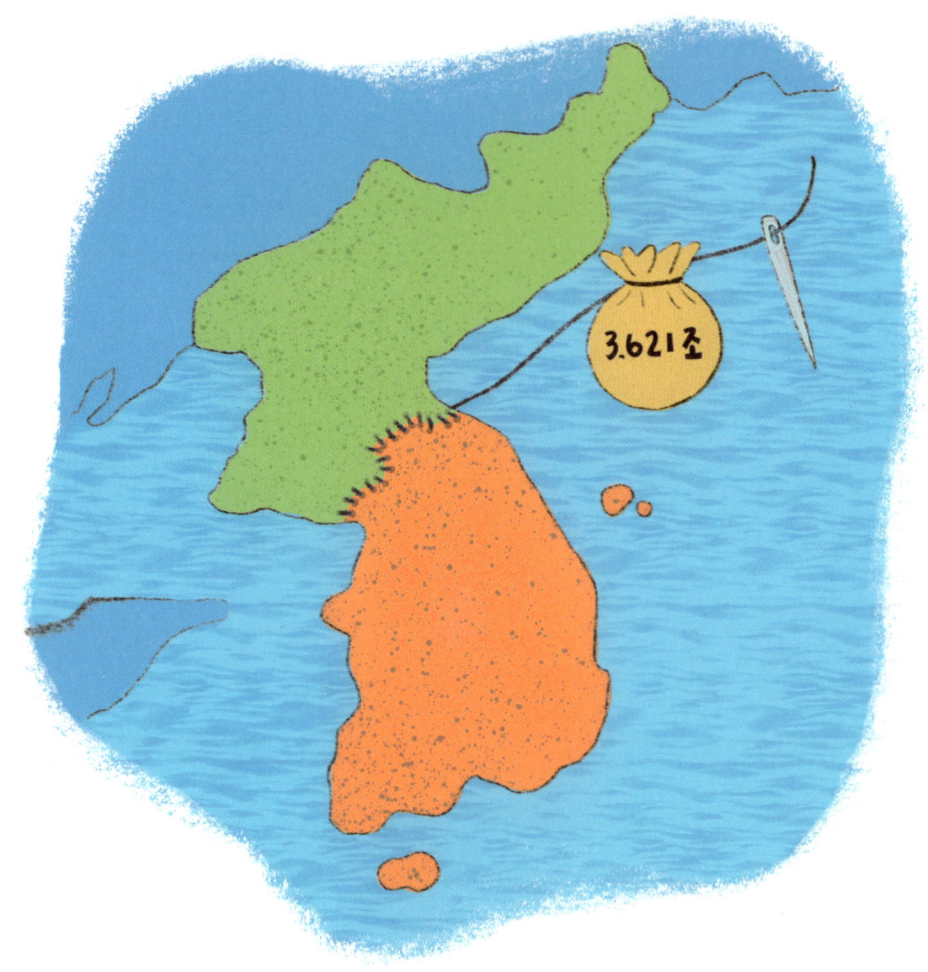

성진이는 차분한 목소리로 심각한 인구 감소 상황을 설명했다.

"아기가 태어날 때 지원금을 주거나, 이민자를 받아들이는 등 다른 해결 방법도 있습니다. 또 전문가들의 의견을 들어 보니, 현재 북한도 인구가 줄어드는 실정이라 큰 인구 증가 효과를 기대하기 어렵다고 합니다. 그러니 인구 때문에 북한과 통일하는 건 배보다 배꼽이 더 큰 격이라 생각합니다. 통일 연구소에 따르면 통일 비용은 최소 831조 원에서 최대 3,621조 원이라고 합니다. 이 돈으로 출산 지원금을 주는 등 인구 증가를 위한 다른 정책을 펴는 게 더 효과적일지도 모릅니다."

 "정말 그 정도 금액이 필요한가요?"

성진이가 정우를 쳐다보았다.

"예전에 동독과 서독의 통일에도 20년 동안 2조 유로, 한화로 약 2460조 원에 가까운 비용이 들었어요. 경제 사정이 더 나았던 서독이 비용을 많이 댔는데, 그 뒤 통일 독일은 오랫동안 경제적 어려움을 겪었어요. 우리도 비슷할 것 같아요."

정우는 앞서 통일을 경험한 독일을 예로 들며 설명했다.

"맞습니다. 우리나라가 북한에 비해 경제적으로 훨씬 발전했으니 우리가 통일 비용을 많이 낼 거 같습니다. 그럼 국민들의 세금 부담이 커집니다. 저는 그래서 통일을 반대합니다."

이현이 목소리가 아까보다 더 커졌다.

"당장 통일 비용은 많이 들겠지만, 북한에서 바로 유럽까지 철도가 연결되면 통일 비용을 훨씬 뛰어넘는 경제 효과를 기대할 수 있을

> **지식 플러스**
>
> ### 통일 비용이란 무엇일까요?
>
> 통일 비용은 분리되었던 두 나라가 통합 후 부담해야 할 비용을 말해요. 통일로 인해 부담해야 할 모든 경제적·비경제적 비용이 이에 해당해요. 어떤 기관에서 통일 비용을 추정하냐에 따라 금액 차이가 나지만 20여 개의 북한 전문 연구 기관과 전문가들이 추정한 통일 비용은 400억~2조 5,000억 달러(한화 약 50조~3,000조 원) 정도예요.

거예요. 관광 수입도 기대할 수 있고요."

성진이가 정반대 의견을 냈다.

팽팽하게 맞서던 두 아이는 물러서지 않았다.

"지금도 국가 안보를 위해 많은 돈을 내고 있어요. 그 돈을 생각하면 통일 비용이 마냥 많이 드는 건 아니라고 생각해요. 인력도 많이 들어가고 있고요."

그때 예나가 다른 의견을 냈다.

"전쟁을 끝내면 한반도에 위험도 사라지고 평화가 올 거예요. 북한이 미사일로 우리를 위협할 일도 없고요."

"북한이 계속 위협하는 상황에서 통일을 논의할 수는 없습니다. 아직 시기상조입니다."

이현이는 예나의 의견에 수긍할 수 없다는 듯 말했다.

"저는 꼭 통일하지 않고 살아도 된다고 생각합니다. 도움이 필요하면 서로 도울 수 있는 관계를 유지하면서요. 그럼 통일 비용도 들지 않고 혜택도 누릴 수 있을 거 같습니다. 한 조사에 따르면 저와 같은 생각을 하는 사람이 50%가 넘었습니다."

정우가 눈치를 보며 말했다.

"남한과 북한은 70년 넘게 갈라져서 살았어요. 같은 한글을 써도 말도 다르고 문화도 달라서 가깝다는 느낌은 없어요. 그래서 통일의 필요성을 못 느끼겠어요."

"무슨 말인지 알겠어요."

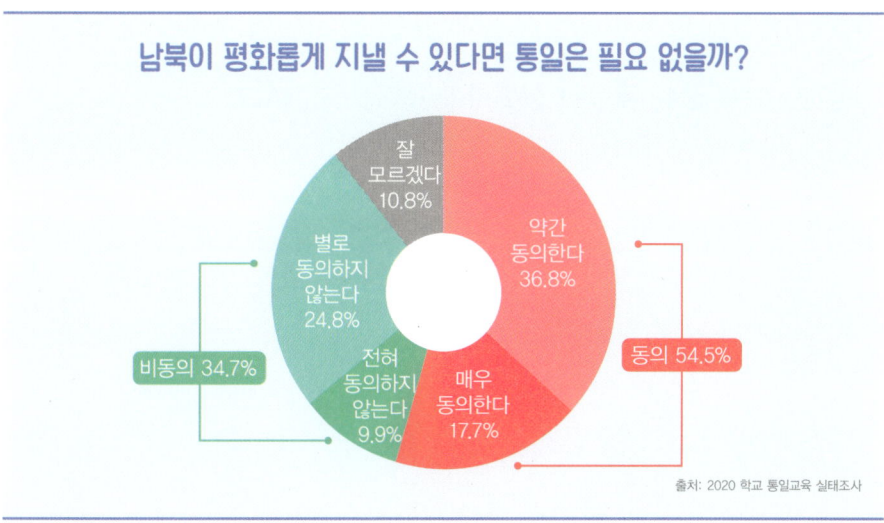

성진이는 오랜 분단 기간 교류가 없어 더 멀어진 남한과 북한을 떠올렸다.

"저는 반대로 그래서 하루빨리 통일해야 한다고 생각합니다. 문화적 접점이 있을 때 통일하면 서로 문화의 차이를 좁힐 수 있을 겁니다."

정우는 당당하게 말하는 성진이를 멍하니 보았다. 성진이의 말이 맞는 거 같기도 하고 틀린 거 같기도 해 알쏭달쏭했다.

"남한과 북한이 한민족이라 해도 단번에 합치려면 부작용이 따르기 마련이지요."

한공정 선생님이 흥분한 아이들을 진정시켰다.

"여러 논의를 거쳐 다양한 국민 의견을 수렴하는 과정이 가장 먼저 필요해요. 남한과 북한이 갈라져 겪는 문제를 통일로 해결해야 할지, 경제와 사회적 협력으로 해결해야 할지 신중하게 판단해야 해요."

"어쩐지 남한과 북한에 대해 알면 알수록 더 머리가 아파요."

성진이는 복잡한 내용이 어렵다고 머리를 붙잡았다.

토론의 쟁점을 정리해 볼까요?

 예나 성진　　　　　　　　　　　　　　 정우 이현

통일, 해야 한다	통일, 안 해도 된다
경제활동인구가 많아져 경제적으로 성장이 가능하다.	출산을 권유하는 등의 다른 방법도 있고 통일 비용이 너무 많이 든다.
안보 문제도 줄고 군사력을 키울 수 있다.	북한이 안보 위협을 멈추지 않는 한 통일 논의를 시작할 수 없다.
다른 나라와 교류도 더 쉬워진다.	문화적인 차이도 크고 인권 문제 등 갈등이 발생할 소지가 많다.

다른 나라의 통일에 대해 알아볼까요?

독일의 경우 서독이 동독을 흡수 통일했어요. 자본주의 체제인 서독의 우월한 국력과 경제력을 기반으로 동독 체제를 편입했지요. 이 과정에서 높은 통일 비용이 들었어요. 실업자도 증가했고 언어와 언론 매체의 변화도 겪었어요. 자본주의 체제인 서독 주민은 물질적 풍요를 겪었지만 동독 주민은 이를 누리지 못했어요. 동독 주민은 급격하게 변한 노동 체계에서 적응하는 데 오래 걸렸어요. 그러나 독일은 통일로 국방비를 절감하고 내수를 탄탄히 다졌어요.

베트남은 무력 통일을 한 나라예요. 베트남은 통일 직후 개인 사유화를 금지하고 사상 교육 등을 실시했어요. 이에 따라 남북 간의 갈등이 증폭됐어요.

예멘도 통일한 나라예요. 남예멘과 북예멘이 서로 합의해서 통일했지요. 그러나 예멘은 분열과 대립을 극복하지 못하고 내전이 일어났어요. 사회 통합에 실패하면서 종교와 이념의 갈등이 커진 탓이었지요. 게다가 다른 나라의 개입으로 예멘의 상황은 더 안 좋아졌어요.

종교인에게 세금 혜택을 줘야 하나요?

"선생님, 질문 있어요. 목사님, 스님, 신부님 같은 종교인도 세금을 내나요?"

사회 시간에 세금에 대해 배우던 윤서가 손을 들었다.

"맞아. 종교인도 세금을 낸단다."

"우리가 내는 헌금은 기부금이라서 세금 공제 혜택을 받는다고 엄마한테 들었는데, 왜 헌금이 소득인 종교인이 세금을 내요?"

윤서는 기부금인 종교인들의 월급이 근로 소득으로 들어가는 이유가 궁금했다.

"당연히 내야지. 목사, 스님, 신부 모두 직업이잖아. 적은 금액이지만 월급도 받고, 종교인도 경제 활동을 하는 대한민국 국민이고. 그러니 납세의 의무가 있지 않겠어?"

준영이는 법을 근거로 들어 또박또박 설명했다.

"그렇지만 헌금으로 월급을 받는 종교인들에게도 세금을 부과하면 봉사활동에 쓰이는 돈이 줄어들 것 같아요."

"종교인 과세는 꽤 오랫동안 진통을 겪다 2018년에 시행되었어요. 이야기가 나왔으니, 오늘은 종교인 과세에 대해 좀 더 알아볼까?"

한공정 선생님이 자료 화면을 켰다.

지식 플러스

납세의 의무와 근로 소득에 대해 알아봐요

국가의 국민은 세금을 내야 한다는 뜻의 납세의 의무는 1789년, 프랑스 인권 선언 이후로 각국의 헌법이 규정하는 의무예요. 우리나라 헌법도 제38조에 '모든 국민은 법률이 정하는 바에 의하여 납세의 의무를 진다'고 규정하고 있지요. 이는 국가 또는 공공단체를 유지하는 데 필요한 돈을 국민이 부담하는 거예요.

경제적 이익을 주는 소득은 모두 세금을 내야 하는 대상이에요. 회사가 근로자에게 일한 대가를 주는 돈인 근로 소득 또한 세금이 부과되는 과세 소득에 속하지요. 현재 종교인은 기타소득과 근로 소득 중 하나를 골라 신고할 수 있어요. 기타 소득으로 신고할 경우 일정 부분까지 증빙서류가 없어도 세금을 감면해 줘요.

토론을 시작하기 전에!

종교인 과세 혜택, 타당하다

일부 종교인들 제외하면 소득 낮아

한 단체에 따르면 극히 일부 상위 소득의 종교인을 제외하고 거의 대부분의 종교인들은 저소득자이거나 신념에 따라 봉사하는 경우가 많아 과세 혜택이 필요하다고 밝혔습니다.

헌금은 기부금으로 봐요

또한 헌금은 기부금 목적이 강하다고 주장했습니다. 기부금은 근로 소득으로 들어가지 않는 만큼 종교인 과세는 적합하지 않다는 의견입니다.

종교인 활동 영리 목적 아니야

또 종교인이 세금을 '근로 소득'으로 납부한다면 종교 활동을 영리적인 목적으로 바라보는 것이라고 지적했습니다.

종교인 과세 혜택, 타당하지 않다

천주교는 이미 내는 근로 소득세

천주교는 종교인 과세가 법적으로 정해지기 전인 1994년부터 근로 소득에 따른 소득에 대해 납세하고 있습니다. 이런 결정은 성직도 하나의 직업이고, 종교 단체는 과세 성역 지대가 아니며, 따라서 일반 시민처럼 납세의 의무를 져야 한다는 것을 공식 인정한다는 점에서 의미가 있습니다.

예술가와 작가가 종교인과 다른가요?

시민 단체를 중심으로 종교인이 특별한 우대를 받을 이유가 없다는 주장이 나왔습니다. "예술가나 작가도 별도의 면세 조항이 없어 모두 근로 소득세를 납부하고 있다"며 "종교인도 당연히 근로 소득세를 내야 한다"고 말했습니다.

종교인들은 소득 과세에 찬성해

종교인 소득 과세에 대해 실제 시행 이후 대부분의 목회자가 찬성한 것으로 나타났습니다. 지난 6월 목회자 대상 설문조사를 실시한 결과 86%가 찬성한다고 밝히며 종교인 소득 신고 이후 실질적으로 '경제적인 혜택을 받았다'고 응답한 비율도 상당수 있었습니다.

"작은 종교 기관의 경우 헌금이 많지 않아요. 종교 기관을 이끌어 가는 분들의 근로 소득도 적고요. 세금이 늘어나면 형편이 더 어려워질 거예요."

윤서는 주말마다 가는 작은 교회를 떠올리며 이야기했다.

"헌금은 기부금으로 봐야 하지 않을까요? 헌금 없이 봉사 활동을 할 때는 오히려 적자가 나는 경우도 있을 거 같아요. 봉사 활동을 일로 삼고 사회에 긍정적인 영향을 주는데 세금까지 내야 하나요?"

정우는 헌금을 어떻게 정의해야 할지 이야기했다.

"아까 선생님이 보여 주신 기사를 보면 종교인의 납부 방식에 따라 세금 혜택을 받습니다. 봉사 활동과 세금은 별개라고 생각합니다."

준영이의 말에 정우가 눈을 동그랗게 떴다.

"사회 시간에 배운 대로 헌법에 따르면 대한민국의 모든 국민은 납세의 의무를 집니다. 종교인도 우리나라 국민이니 예외가 되어서는 안 됩니다."

목청을 가다듬은 준영이는 선생님 목소리를 흉내 냈다.

"종교인이 지금 세금을 내지 않는 게 아니에요. 다만 직업의 특수성을 인정해 혜택을 주는 거지요."

정우가 준영이의 의견을 꼬집었다.

"대한민국 헌법에는 국민 납세의 의무와 조세 평등 원칙을 규정하고 있어요. 그래서 2018년 수십 년의 논의 끝에 종교인의 소득에 세금이 추가되었지요."

"앞서 말했듯 모든 국민은 각자의 능력에 따라 평등하게 조세를 부담해야 해요. 헌법에 규정된 평등과 차별 금지 원칙에 따른 거지요."

선생님의 설명에 아이들은 고개를 끄덕였다.

> **지식 플러스**
>
> ## 조세와 조세 평등 원칙이란?
>
> 조세는 국가나 지방 단체가 운영 비용을 얻기 위하여 일반 국민에게 강제적으로 징수하는 금전 또는 재물을 말해요. 세금을 부과하는 주체에 따라 국가가 부과하는 국세, 지방자치단체가 부과하는 지방세로 나눌 수 있으며 부과 성격과 납세 방법에 따라 직접세와 간접세로 분류해요. 이런 조세 부담이 공평하게 국민 사이에 배분되어야 한다는 게 조세 평등 원칙이에요. 조세 평등 원칙은 모두가 같은 금액을 내는 게 아니라 자기한테 맞는 세금을 내는 걸 말해요.

용어 정리

세금 공제: 세법에 따라 낸 세금 중 일정 금액을 빼는 걸 이야기해요. 세금 공제를 받으면 원래 내야 하는 금액보다 적게 세금을 낼 수 있어요.

"앞서 설명했듯 종교인은 2018년부터 소득세를 내기 시작했어요. 물론 먼저 시행한 종교인들도 있었지만요. 또 정우 말대로 종교인은 다른 사람에게 봉사하는 특수한 업무 때문에 일반 노동자와 달리 세금 공제 혜택을 받는 거예요."

한공정 선생님이 토론의 방향을 살짝 바꾸셨다.

"저는 이런 혜택이 불공평하다고 생각합니다. 종교인은 실제로 일반 근로자보다 9분의 1 수준에 불과한 세금을 부담하고 있다는 기사도 봤어요. 다른 나라에도 종교인에 대한 과세 혜택은 없다고 합니다."

"하지만 이미 과세한 돈을 헌금으로 내는데 여기서 과세가 들어간다면 세금을 두 번 내는 거 아닌가요? 그러니 감면 혜택이 필요해요."

"저는 준영이 의견에 동의합니다."

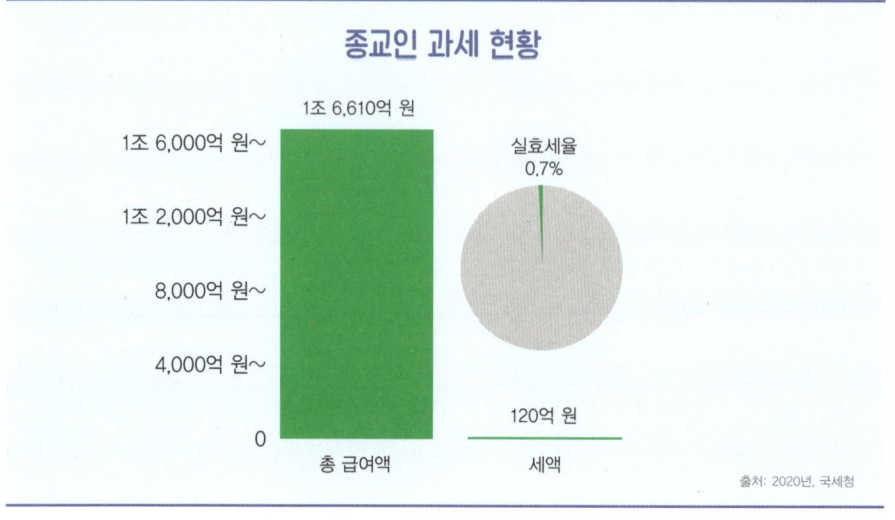

종교인 과세 현황

출처: 2020년, 국세청

윤서 말에 은찬이가 눈을 빛냈다.

"아까 선생님이 보여 주신 기사처럼 천주교도 봉사 활동을 하고 있지만 먼저 세금을 내기 시작했어요. 찾아본 결과 일반 근로자보다 적은 월급을 받으면서도 근로자와 똑같은 조건의 세금을 내고 있어요."

은찬이는 여러 종교 이야기를 했다.

"또 일반 자원봉사를 하는 사람들도 돈을 받으면서 하지 않아요. 자원봉사를 하니 세금을 덜 낸다는 말은 타당하지 않아요."

"일반인과 형평성에 맞지 않으니 계속 이 문제로 논란이 일어나는 거예요. 종교인이 신고한 종합소득이 1조가 넘는데, 실제 낸 세액은 110억이라고 하더라고요. 종교인 과세가 현실적으로 이루어져야 종교인

들도 더 떳떳하지 않을까 싶습니다."

은찬이와 준영이가 자신의 생각을 말했다.

"이번 토론을 통해 여러분이 세금에 대해 깊이 알아보는 계기가 되었으면 좋겠어요. 세금은 국가 운영에 꼭 필요하고, 국민에게 공평하게 적용되어야 하는 부분이니, 각자 자기 생각을 정리해 보면 좋겠네요."

토론의 쟁점을 정리해 볼까요?

정우, 윤서 / 은찬, 준영

종교인 과세 혜택, 타당하다	종교인 과세 혜택, 타당하지 않다
작은 종교기관의 경우 헌금이 많지 않고, 헌금은 수익이라기보단 기부금으로 봐야 한다.	봉사 활동과 세금 납부는 별개다.
세금을 두 번 내는 거니 감면 혜택 필요하다.	일반인과 형평성이 맞지 않는다.

다른 나라의 종교인 과세는 어떻게 진행되고 있을까요?

거의 대부분의 나라가 종교인에 대한 특별한 세금 혜택이 없어요. 미국 종교인들은 연방세와 주세는 물론 사회보장세와 의료보험세 등도 내고 있어요. 캐나다 종교인은 다른 개인과 마찬가지로 세금을 국가에 내고 있어요.

독일에선 가톨릭과 개신교 종교인들을 공무원과 유사하게 여겨요. 국가에서 매달 급여를 주고 원천징수의 방식으로 소득세를 내도록 해요. 이 급여의 재원은 종교 단체에 다니는 신자들이 국가에 내는 교회세로 메워요.

이웃 나라 일본도 종교인에 대한 별도의 과세 규정은 없어요. 일반 국민과 똑같이 과세 제도를 적용받아요.